老年友好型社区建设与社会工作服务：

研　究　与　实　践

广州市番禺区正阳社会工作服务中心 组织编写
郝　耀　　楼玮群　　何志娟　　著

中国社会出版社
国家一级出版社 · 全国百佳图书出版单位

图书在版编目（CIP）数据

老年友好型社区建设与社会工作服务：研究与实践 / 郝耀，楼玮群，何志娟著；广州市番禺区正阳社会工作服务中心组织编写．—北京：中国社会出版社，2021.7

ISBN 978-7-5087-6560-0

Ⅰ.①老…　Ⅱ.①郝…　②楼…　③何…　④广…　Ⅲ.①社区建设—研究—广州　②社区服务—研究—广州　Ⅳ.①D669.3

中国版本图书馆 CIP 数据核字（2021）第 100245 号

书　　名：老年友好型社区建设与社会工作服务：研究与实践
LAONIAN YOUHAO XING SHEQU JIANSHE YU SHEHUI GONGZUO FUWU YANJIU YU SHIJIAN

组织编写：广州市番禺区正阳社会工作服务中心

著　　者：郝　耀　楼玮群　何志娟

出 版 人：浦善新

终 审 人：李　浩

责任编辑：张　杰

出版发行：中国社会出版社　**邮政编码：**100032

通联方式：北京市西城区二龙路甲 33 号

电　　话：（010）58124853

网　　址：shcbs.mca.gov.cn

经　　销：各地新华书店

中国社会出版社天猫旗舰店

印刷装订：北京九州迅驰传媒文化有限公司

开　　本：170mm×240mm　1/16

印　　张：15.25

字　　数：240 千字

版　　次：2021 年 7 月第 1 版

印　　次：2021 年 7 月第 1 次印刷

定　　价：45.00 元

中国社会出版社微信公众号

序　一

据民政部预测数据显示，到2050年我国60岁及以上老年人口将接近5亿，占比将超过总人口的三分之一。人口老龄化已然成为我国面临的最严峻且紧迫的社会治理挑战之一。面对庞大的老年人口，结合未富先老的发展现状，系统性、体系化迎战是我们应对老龄化问题的最好选择。2020年12月，国家卫生健康委员会、全国老龄工作委员会办公室发布《关于开展示范性全国老年友好型社区创建工作的通知》，提出："到2025年，在全国建成5000个示范性城乡老年友好型社区，到2035年底，全国城乡实现老年友好型社区全覆盖。"

我第一次接触老年友好型社区的概念是在2015年底。世界卫生组织（WHO）在2006年提出建设老年友好型社区的倡议，并提出老年友好型社区应具有以下特点：提供包容的、可接近的社区环境，可以促进积极老龄化，给老年人创造足够机会以促进健康、公众参与和社会安全。这些特点与老年社会工作的服务目标高度一致。因此，广州市番禺区正阳社会工作服务中心（以下简称"广州正阳"）于2016—2017年，在香港大学秀圃老年研究中心的技术指导下，策划开展了"建设中国城市老年友好型社区实证初探研究"项目。该项目总结梳理了"广州正阳"2011—2016年五年内的老年社会工作服务，旨在从老年友好型社区建设的标准和视角探索中国城市独特的养老服务模式。2017年至今，"广州正阳"每年召开一场养老服务研讨会推广研究成果，实践老年友好型社区创建视角下的老年社会工作服务。

2021年，"十四五"发展伊始，我们希望能将近十年的老年社会工作服务探索，以此研究项目为引，整理成书，为"十三五"收官献上社会工作服务的一份贡献，与众多老年人服务主体共同迎接机遇与挑战并存的“十四五”规划，共同为2035年全面建设符合老年友好型社区标准的中国城乡社区奋斗。

本书思路：老年友好型社区的环境建设，辅以“健康老化”理念指导下丰富优质的社区老年人专业服务，能更好地从硬件设施和服务软装两方面确保和支持老年人在社区享受安全健康的独立生活，能更好地实现老年友好型社区建设的目标。本书第一卷是“建设中国城市老年友好型社区实证初探研究”项目的研究报告，第二卷是建设老年友好型城市（社区）实用手册及实践案例，希望能为各类旨在服务老年人、建设老年友好型社区的同人们提供微薄参考。除影响逻辑的部分外，我们对项目报告中涉及的各类数据及政策等具有明显时间性特征的内容作了修订，以便本书读者可以了解到更新的相关资讯。团队的研究和撰写能力有限，如有不完善之处，敬请谅解并欢迎交流指正。

在整理此书出版之前，研究项目产出的成果已通过研讨会、成果小册子等方式做过小范围的分享，包括：一套老年人生活现状及服务需求评估的工具；培育了一支专业的老年社会工作服务及实务研究队伍（约30人）的系列课程；含有老年友好型社区建设实务研究设计、研究方法、研究成果等的研究报告一份（即实务研究范本）；老年友好型社区建设实务指南一本。在本书中，以上内容将更系统全面地分享给读者，欢迎有需要的朋友联系我们深入交流。

本书的面世，首先要感谢楼玮群教授和何志娟女士的参与支持，同时感谢香港大学秀圃老年研究中心相关同人的指导。其次要感谢“广州正阳”刘玉平理事长对于本书出版工作的支持，感谢时任总干事的邓红兵理事作为研究项目的发起人贡献良多；感谢“广州正阳”同事们的协助，尤其是李栋和陈程两位同事做了大量的资料整理工作，感谢郑文慧同工协助整理和校对书稿。此书的顺利出版，还要感谢中国社会出版社张杰主任的耐心协调和大力支持。最后，特别感谢书中研究项目的发起人兼技术顾问廖焕标先生，感谢他对社会工作服务的投入和带给后来人的福荫，正阳和秀圃一直以来的友好合作全赖他的引荐和支持。

红颜辞镜叶辞树。老年是每个人都会经历的人生阶段，希望我们今天的努力能随着老年友好型社区的全面创建，换来所有人明天安康美好的晚年生活。

广州市番禺区正阳社会工作中心总干事

郝　耀

二〇二一年三月

序　二

21世纪人类社会的一个重要挑战是人口结构的改变，不仅发生在发达国家，而且发展中国家也经历着人口老龄化。“十四五”期间，我国老年人口将突破3亿。人口老龄化对我们的生活有什么影响呢？首先，人口老龄化对我们的影响是全方位的，换句话说，不仅传统意义上的医疗、服务范畴受到影响，而是经济、文化、社会等领域的全面影响。其次，影响是全龄的。人口老龄化的应对如果只是针对老年人口，那么就有机会陷入两个误区：一个是“爱老人”的误区，把老年人形容为体弱、需要照顾、需要爱；另一个是“妖魔化”的误区，通常是在整体上把老年人群体形容为“社会发展的威胁”，“甚至是洪水猛兽”。这两种误区都倾向于把焦点集中在老年人群体身上。实质上，人口老龄化需要我们全面改变过去把人生用年龄来分段的视角，例如儿童是无忧无虑地享受，青年是朝气蓬勃地创造，成年是意气风发地收获，老年则是安享晚年的时期。在预期寿命增加的时代，个人与社会的关系也发生了变化，无论年龄大小，都值得享受快乐、朝气、意气风发，并享受生活。从这两个角度出发，应对人口老龄化必须全民启动、全局参与。

“十四五”规划就老龄事业提出了新的目标，包括加强老年人人力资源的开发，充分认同和激发老年人在社会经济活动中的角色和作用，促进各行各业参与养老需求满足，包括老年人自助互助的新生态、多渠道支持家庭更有效实现养老功能，以及推动医康养结合，打造老年事业的新里程碑。这些举措邀请我们从根本上转移看待老龄化的视角。2020年12月，国家卫生健康委员会、全国老龄工作委员会办公室联合发布了《关于开展示范性全国老年友好型小区创建工作的通知》，从战略上肯定社区在应对老龄化方面的积极作用。

在建设老年友好型社区方面，香港大学秀圃老年研究中心在我国香港特别行政区有初步的研究和实践，我们非常荣幸能与广州市番禺区正阳社会工作服务中心强强联手，共同推动这个以世界卫生组织年龄友善理论框架为指引，结合实证研究、能力培育、社区干预于一体，集产、学、研、用于一身的创新项目。本书从理论和实践两个层面总结了项目的成果，也借此抛砖引玉，与同业分享。

本书第一卷论述了建设中国城市老年友好型社区实证初探研究项目的理念基础和行动策略，特别提出社区工作团队能力培育在建设老年友好型社区中的重要性，以及我们总结的服务能力建设指南，希望都能为同业提供参考。在对社区老年人需求细化分析的基础上，我们提出了需求精准定位、服务品牌强化，以及从服务提供到影响力发挥的倡导。本书第二卷为业界提供了实践操作指南，并提供案例分析，希望读者能从理论实践结合的论述中，体会到建设老年友好型社区是完全可行的，并且能为社区带来经济的改变。

最后，感谢在项目策划、实施、总结过程中付出的所有同业！特别感谢香港大学秀圃老年研究中心的研究团队、广州市番禺区正阳社会工作服务中心同业、所有参与项目的老年人及其家人、社区持份者！特别感谢和怀念项目的发起人及技术顾问廖焕标先生！没有所有参与者尽心、尽力地投入和付出，项目的完成和本书的出版不可能实现。

希望每一位朋友都参与推动老年友好型社区的建设，让每一位老年人都能在和谐、友好的社区幸福地度过每一天。

香港大学社会工作及社会行政学系副教授

楼玮群

二〇二一年三月

目　录

·第一卷·

建设中国城市老年友好型社区实证初探研究

·第二卷·

建设老年友好型城市（社区）实用手册及实践案例

第一卷

建设中国城市老年友好型社区实证初探研究

第一章　研究概况

第一节　研究背景

生育率的明显下降，人均预期寿命的增加，导致人口的迅速老龄化（世界卫生组织，2015）。数据显示，2019 年底，中国 60 周岁及以上的老年人口数达到 2.54 亿，占总人口的 18.1%；65 岁及以上老年人口达到 1.76 亿人，占总人口的 12.6%（国家统计局，2019）。据世界卫生组织预测，到 2035 年中国 60 周岁以上的老年人口将达到 4.2 亿，到 2050 年中国将有 35%的人口超过 60 周岁，成为世界上老龄化程度最严重的国家。未来 30 年，中国人口将呈现出老龄化速度快、高龄化程度比重大以及第一代独生子女父母踏入高龄的特点。长寿给我们提供了一个全新的思考，甚至是一种人生再出发的可能。如何安度老年生活不再只是短短 10 年、20 年的事，有学者提出“第三龄”“银龄”的概念，意在消除对老年阶段的歧视，也在提示人们拥有机会重新考虑整个人生。随着人们对老龄化认知的不断加深和丰富，依据最新关于老龄化进程的研究成果，越来越多的观点认可人口老龄化可被看作个人和社会所拥有的宝贵资本（世界卫生组织，2015）。这就需要全社会群策群力，积极探索有效管用的机制，乐观应对人口老龄化带来的变化，不仅让中国的老年人受益，而且给全球积极应对人口老龄化带来福音。

早在 2002 年，世界卫生组织就提出“积极老龄化”（active ageing），从健康、参与、安全三个维度，倡导老年人可以“有为”，以不断提升老年人的生活品质。老有所为（Productive Ageing）一方面基于生命历程的观点（life course perspective），认同“人终其一生都应享有尊严与价值”的信念，另一方面则受到全球性的平均寿命延长和健康高龄者人数持续攀升的推动，使得老人福利与服务领域的工作者，继“健康老化”“成功老化”“活跃老化”之后，发掘出老年人的潜力，使其持续为个人、家庭、社区、国家与人类全体作出贡献，甚至在身心衰弱或退化的情况之下，仍能不断前进，朝着马斯洛需求金字塔中更高层次的超越性需求（Transcendence）来迈进（Yang，2010）。

但是国际老年学发展趋势和经验告诉我们，只专注于改变老年人本身的身心健康已不能满足老年人的需求，更不能有效地解决当前老龄大潮带来的困境。若我们只是将工作重心放在改变老年人的观念、态度、行为上，是很难解决这个复杂的社会问题的，因为“人生活在环境中”。过去，社区的生活空间环境设计未能以老人为中心，面对人口迅速老化，社区环境和社区服务不能承载未来占总人口 1/3 的老年人的生活需求。现实要求我们与时俱进，改造社区生活空间，研发新的社区服务，让每个老年人都能在社区中安度晚年。

过去的十年是中国养老政策发展进步的高峰期，《国务院关于印发“十三五”国家老龄事业发展和养老体系建设规划的通知》（国发〔2017〕13号）中再次强调，“‘十二五’时期我国老龄事业和养老体系建设取得长足发展……老年人权益保障和养老服务业发展等方面的法规政策不断完善；基本养老、基本医疗保障覆盖面不断扩大，保障水平逐年提高；以居家为基础、社区为依托、机构为补充、医养相结合的养老服务体系初步形成。”2020 年 12 月，国家卫生健康委员会、全国老龄工作委员会办公室发布《关于开展示范性全国老年友好型社区创建工作的通知》，提出：“到 2025 年，在全国建成 5000 个示范性城乡老年友好型社区，到 2035 年底，全国城乡实现老年友好型社区全覆盖。”我们相信，全社会对大养老、大健康板块的关注必将为老年社会工作发展带来重要的契机。要建设老年友好型社区，政府、企业、社会必须互通有无、通力合作。应站在社会工作的视角，积极思考如何从老年社会工作的优势和核心出发，找准社会工作者在建设老年友好型社区中的优势和特点，特别在社会服务板块，谋划老年社会工作发展战略，提升服务品牌价值，推动建立一个友善互助的社区。

“广州正阳”成立以来，致力于发展具有自身品牌特色的养老服务，在各个家庭综合服务中心（现已更名为社工服务站）为老年人提供日间常规康娱活动、各类知识性的讲座和沙龙，建立老年人健康档案，摸索居家养老服务、社区健康小屋、社区养老互助项目等。本次与香港大学秀圃老年研究中心合作，旨在提升机构老年社会工作专业服务的能力，精准地回应区内老年人需求，发展适切的社区照顾和上门服务，让有不同需要的老年人更好地融入社区，充分参与社区活动，充分实现“居家社区养老服务工程”和“养老机构提质增效”的发展目标，共建老年友好型社区。

第二节　研究理念和目的

一、老年社会工作服务及老年友好型社区理念

老年社会工作的核心价值是相信所有的老年人都应享有有质量的晚年生活，而“以人为本”的社区环境设计能够让不同活动能力的老人尽可能地在社区生活，共享社区资源，从而提升他们的福祉。具体而言，在全球老龄化浪潮的推动下，提升老年人晚年的生活品质不仅要鼓励老年人在意识和行动上主动去实现健康和积极老龄化，也需要改变社会环境因素，让社区成为不同年龄群体共同居住的乐园。为此，世界卫生组织（WHO）在2006年提出老年友好型社区的倡议。基于对全球20多个国家老年人的参与调查，世界卫生组织倡议老年友好型社区应具有以下特点：提供包容的、可接近的社区环境，可以促进积极老龄化，给老年人创造足够机会以促进健康、公众参与和社会安全，并于《全球长者友善城市》中具体提出了8个建设老年友好型城市所需的硬件和软件指标：室外空间和建筑；交通；住房；社会参与；尊老和社会包容；社区参与和就业；信息交流；社区支持和健康服务。

（1）室外空间和建筑。老年人的生活质量较大程度受到环境硬件、建筑和其他公共基础设施的影响。舒适的户外环境和适合老年人使用的设施，包括足够的户外休息区、宽阔防滑的通道、绿化的环境、安全的过路

设施、充足而明显的指示牌等，对老年人积极参与社区活动及居家安老极其重要。

（2）交通。公共交通系统的可及性和可负担性将会影响老年人的社会参与程度以及获得社会和健康服务的机会。方便快捷和价格合理的交通系统，包括准时和频密的班次、广阔的公共交通覆盖网络、低地台车厢、爱心座位及乘务员友善的服务态度。

（3）住房。安全、舒适、可负担和适宜的住所环境对老年人的独立、舒泰和生活质量非常重要。住所的设计、结构和位置，包括可负担的公共设施费用（例如水、电或煤气费及维修服务费），以及电梯、扶手等配套设施，是老年人居家安老的重要安全保障。

（4）社会参与。老年人持续参与文化、社交、休闲活动将有益于身心健康。通过多种形式的社会参与、加入家庭活动，以及体贴老年人的活动安排，促进老年人建立社交网络。

（5）尊老和社会包容。在许多社会中，受经济发展和社会转变等因素影响，老年人易被其他人忽略或隔离。可以通过多种多样的敬老活动及公众教育，加强跨代交流，从而提升老年人的地位，让他们不论健康状况还是社会地位都能受到尊重，使他们对社区有归属感，以安享晚年。

（6）社区参与和就业。尊重和支持老年人贡献社会的意愿，能有效提升老年人的自尊和自我价值感。这些贡献可通过参与受薪或义务工作得以实现。提供给老年人足够的信息、选择、培训及工作机会，让他们参与义务工作、政策倡议及担任顾问等，均能促进老龄友善城市和社区的发展。

（7）信息交流。老年人需要实用和丰富的信息以及有效和负担得起的沟通方式，与家人、邻居和社区保持联系。电视、报纸、口头信息和互联网等媒介，是老年人可以主动获取信息，帮助自己，实现跃动晚年的途径。良好的交流及信息发布渠道，例如容易获得的口头信息、用词简单及大字体的书面信息、免费使用的计算机及互联网等，能够避免老年人被社会隔离。

（8）社区支持和健康服务。在社区内提供多样化支持和健康服务，例如足够的服务名额、方便的服务地点、适合老年人使用的服务等，都将为老年人的健康、独立性和居家安老的实践带来正面的影响。

从上述定义可以了解到，这些概念上的分野主要是为了让我们系统了解老年友好型城市的框架，在社区层面，有一些资源和服务或许可以同时贡献不同的指标。因此，这些指标又可以概括为建筑环境（室外空间和建筑、交通、住房）、社会环境（社会参与、尊老和社会包容、社区参与和就业）、社交及健康服务（信息交流、社区支持和健康服务）三大范畴。

提出这个倡议的契机有二：第一，过去当老年人出现体弱和生理机能衰退时，对其提供照顾的周期并不长，并且多半以居家照顾为主。而今，由于医学、科技等方面的进步，老年人患病的衰退周期明显变长，从而导致照顾周期延长，例如老年失智症可能有长达20年的照顾周期。因此，仅仅依靠居家照顾不能很好地满足老年人及其家庭成员的需求，必须同步改善社区环境，推动社区照顾服务，提升社区的整体功能。第二，老年社会工作服务的新理念要求我们除了关注身体健康和心理健康以外，更需整合社区资源，进而推动全社会所有持份者的关注、参与、整合以促进社区联动，实现“老年友好型社区”。可见，老年友好型社区建设是一项“以老年人为本”，以整个社会为依托的战略发展方向，全球各地需按照地区的独特性和需要，在“社会文化环境”“社会服务”“城市物理环境”三方面制定相应的政策和实践方针。

随着城市化进程的加快和社会经济条件的变化，社区成为老年人生活多年、最熟悉的地方，也是他们获取社会支持和幸福感的重要场所。在中国传统文化中，有“远亲不如近邻”的说法，家庭和邻里在人们生活中和记忆里起着关键作用，并给人带来安全、舒适的感觉。Catharine、Dennison、Cooper 及 Sayer（2011）的研究指出，社区凝聚感和社区问题能够直接影响老年人的精神健康。因此，邻里互助、代际融合和尊老爱老在社区生活中格外重要。为推动老年友好型社区建设，我国香港地区的经验是通过积极参与各式各样的义工计划和服务，鼓励长者参与社区，提供改善邻里生活的建议；亦有通过实证研究探讨香港长者的幸福感与生活环境因素的关联（香港社会服务联会，2009；香港基督教女青年会，2016）。所以，由制度到技术层面的老年友好型社区，其核心理念是尊重和重视长者的建议，鼓励长者参与。这一理念也与老年社会工作者的使命与价值观十分契合。社会工作者只有尊重老年人，肯定老年人的生命价值和生命贡献，才能全心全意为老年人提供服务。除此之外，老年社会工作者需不断创新，去影响与老年人相关的社会政策和社会福利项目，积极参与预备人口老龄化这个历史过程，推动一个对老年人和老化过程有正面看法的社会文化，教育各行各业服务人员对老年人及老化过程有正确的认识和态度，在各个居住的区域，改善不同的设施和服务，建立对老年人友善的社区（梅陈玉婵、齐铱、徐永德，2008）。

二、“老年友好型社区”初探项目的目的

“广州正阳”本次联合香港大学秀圃老年研究中心共同在广州市番禺区开展为期一年的“中国城市老年友好型社区”实证研究初探项目，是基于这一共同的理念：在“十三五”期间发展建设老年友好型社区刻不容缓，也是社区服务和研究单位义不容辞的责任。本项目的目的是从社会工作的视角出发，提升老年社会工作者的专业评估和服务能力，研发一套能提升社区老年服务的资源手册，基于调研区内长者的健康、照顾、社会活动的实际状况，锁定精准养老服务的关键人群，在此基础上形成实证为本的社区老年服务关键绩效指标（Key Performance Indicator），从而发展成为番禺区老年友好型社区服务的综合模型。

第三节　行动策略（研究规划）

基于背景分析和正阳社工服务的优势，我们提出在番禺区建设老年友好型社区的三大行动策略：一是科学解读政府政策；二是系统培育专业能力；三是全面提升服务绩效。

一、科学解读政府政策

正阳社工发起“建设中国城市老年友好型社区实证初探研究”项目的起始时间为2016年7月至2017年7月，当时的养老服务相关政策以“十三五”养老规划的内容为总纲领。因此，以下的政策解读属于过去

将来时状态，为免带来逻辑上的混乱，基本未作政策及时间上的更新，权当为读者朋友们今后的实务研究提供政策解读的路径，不作内容上的参考。

在老龄事业发展“十三五”规划的纲领指导下，各地方政府相继出台地方政策，推进健全以“居家为基础、社区为依托、机构为补充、医养结合的养老服务体系”，扶持建设养老体系，发展养老服务。老龄事业发展第十三个五年计划提出了四大发展目标，包括：完善多支柱、全覆盖、更加公平、更可持续的社会保障体系；健全以居家为基础、社区为依托、机构为补充、医养结合的养老服务体系；完备有利于政府和市场运作充分发挥的制度体系；让支持老龄事业发展和养老体系建设的社会环境更加友好。其中的第四个目标清楚表明国家政策对推动建设老年友好型城市的顶层策略。广东省政府于 2015 年率先出台《广东省人民政府关于加快发展养老服务业的实施意见》（以下简称“省实施意见”），提出广东省的发展目标：“到 2020 年，全面建成以居家为基础、社区为依托、机构为支撑的，功能完善、规模适度、覆盖城乡的养老服务体系。养老服务产品更加丰富、养老服务市场机制进一步健全、养老服务业健康有序发展。居家生活的老年人得到养老服务的广泛支持，生活照料、医疗护理、精神慰藉、紧急救援等养老服务覆盖城乡所有老年人。符合标准的社区养老服务设施覆盖所有城市社区、90%以上的乡镇和 60%以上的农村社区，全省每千名老年人养老床位数达到 35 张以上。”并提出相应的八大任务：加快养老服务设施建设；大力加强养老机构建设；建立健全基本养老服务制度；发展和完善养老服务网络；推动医疗卫生与养老服务融合发展；加快养老服务队伍建设；加快养老产业发展；开展养老服务业综合改革试点。

这八个目标如何实现，营造出怎样的社区环境有利于亿万老年人的生活福祉？当时，研究团队作了大量的政策解读和分析。分析情况如下。

在《广州市人民政府关于加快养老服务业综合改革的实施意见》（穗府〔2015〕27 号，以下简称“市实施意见”）中，我们解读到了广州市“9064”养老服务体系的发展框架和目标。截至 2015 年底，广州市的户籍老年人口共 147.5 万，占户籍人口的 17.3%。广州市番禺区 60 岁以上户籍老人共105585人，占户籍人口的13.5%，按老年人口年增长率3%测算，预计2020年末户籍老年人口为12.2万（更新：截至2019年底，广州市60岁及以上人口175.51万人，占户籍人口的18.40%；番禺区60岁及以上户籍人口共14.17万人；自2015年以来，广州市老年人口的地区分布结构基本保持稳定）。市实施意见提出“加快建设具有广州特色的养老服务体系”，从“健全养老服务业的服务与法规政策体系”“改革创新四大方面”“经济效应”等范畴入手的五大工作重点：健全社会养老服务体系；推进养老服务社会化；促进养老产业集聚式发展；加快医疗卫生与养老服务融合发展；推动跨境养老服务合作。计划“到2017年，全市96%的老年人在社会保障和社会服务体系支持下通过家庭照顾养老，其中社区照料、社区康复等专业化居家养老服务覆盖6%的老年人，4%的老年人可通过入住养老机构实现养老；到2020年，进一步形成以改革推动养老服务业创新发展的良好格局”。政策解读显示，广州市的实施意见进一步明确了“9064”养老的顶层设计，即社区养老、院舍养老的人口比例。同时，五大任务为养老行业生态圈的发展提供了战略方向。在没有特殊处境的情况下，我们有理由假设番禺区的养老服务体系建设应该符合广州市“9064”的架构。番禺养老服务体系建设成果包括：其一，养老机构的建设稳步推进，例如建设区福利院新大楼，建设沙湾镇敬老中心和农村敬老院等；其二，福利机构的规划和布局不断完善，如洛浦街、南村镇、石楼镇养老服务机构地块控制性详细规划修改进展顺利；其三，居家养老服务内容不断拓展和优化，如全区目前设有1个区级居家养老服务中心和16个镇街级居家养老服务部；其四，社区“星光老人之家”全覆盖，建设超过170个“农村老年人活动站点”（区政协提案，2016）。2016年番禺区民政局工作报告提出贯彻实施各级《关于加快发展养老服务业的实施意见》，并建设区级居家养老综合服务中心、军休服务中心，拓展社区居家养老便捷服务，打造“10分钟社区居家养老服务圈”。

经过一系列的政策梳理，比较和分析国家、广东省、广州市和番禺区的工作重点（见表1.1），可以看出“广州正阳”在番禺区探索“建设中国城市老年友好型社区”与中央在“十三五”规划中提出的“支持老龄事业发展和养老体系建设的社会环境更加友好”非常契合，在广东省和广州市具有前瞻性。因此，我们充分考虑到正阳作为社会工作机构的特点，提出在老年友好型社区和社会工作视角下的两个发展战略重点：聚焦服务、建设能力；聚焦需求、提升绩效。

表 1.1　老龄事业发展工作重点分析

	国家	广东省	广州市	番禺区
1	多支柱、全覆盖、更加公平、更可持续的社会保障体系	• 建立健全基本养老服务制度	（无）	（无）
2	以居家为基础、社区为依托、机构为补充、医养结合的养老服务体系	• 加快养老服务设施建设	• 健全社会养老服务体系	• 福利机构的规划和布局不断完善；居家养老服务内容不断拓展和优化
		• 大力加强养老机构建设	（无）	• 养老机构的建设
		• 发展和完善养老服务网络	• 推进养老服务社会化	• 社区“星光老人之家”全覆盖、建设超过 170 个“农村老年人活动站点” • 建设区级居家养老综合服务中心、军休服务中心，拓展社区居家养老便捷服务，打造“10 分钟社区居家养老服务圈”
		• 加快养老服务队伍建设	（无）	（无）
		• 推动医疗卫生与养老服务融合发展	• 加快医疗卫生与养老服务融合发展	（无）

续表

	国家	广东省	广州市	番禺区
3	有利于政府和市场作用充分发挥的制度体系	• 加快养老产业发展	• 促进养老产业集聚式发展	（无）
4	支持老龄事业发展和养老体系建设的社会环境更加友好	• 开展养老服务业综合改革试点	• 推动跨境养老服务合作	（无）

此刻，回首当时的政策解读情况，结合2020年底国家卫建委和老龄办联合颁布的《关于开展示范性全国老年友好型社区创建工作的通知》，可以更加明确地体现正阳社工发起“建设中国城市老年友好型社区实证初探研究”项目与国家、省、市、区各级文件精神的高度一致性，也很好地体现了正阳社工作为老年社会工作专业服务机构的高度服务敏锐度和极强的服务前瞻性。

人才培养是充分发展和建设以“居家为基础、社区为依托、机构为补充、医养结合的养老服务体系”的基础。作为为老年人提供社会服务的机构，服务能力建设必须作为首要的战略部署，没有人才，任何服务都会形同虚设，甚至有可能对服务对象造成伤害。可喜的是，在2015年中国社会工作联合会发布了《注册老年社会工作师职业能力标准体系（试行）》，以加强我国养老服务领域社会工作人才队伍建设，推动老年社会工作职业化、专业化发展；2016年，民政部发布了《老年社会工作服务指南》（以下简称“指南”），更有效科学地规范和引导老年社会工作服务行为，切实保障老年社会工作服务质量。

以上政策文件为进一步加强老年社会工作人才队伍建设提供了坚实的基础，也为本项目提供了基本的策略框架。在项目实施的初期，我们对“广州正阳”下属35名养老、残康方向的社会工作者进行了培训需求调研，结果发现受访者对“老年知识”“评估和计划”“结束和跟进”这三方面核心能力的需求最高。总之，专业的人才队伍、完善的服务品质、实证为本的需求评估能力是实现“养老服务内容不断拓展和优化”以及“9064”目标的最佳战略保障。

二、系统培育专业能力

目前，番禺区承接家综服务的社会工作人数达349人，分布在全区17个家庭综合服务中心。区内有1个区级居家养老服务中心和16个镇街级居家养老服务单位。在走访一线服务单位后，我们发现老年社会工作者能力的优势和建设缺口主要集中在以下三个方面。

第一，老年社会工作者在社区内和社区居民有日常互动，关注辖区内60岁及以上长者及其照顾者，重点关注孤寡、独居、困难、残疾和高龄五类长者。但社会工作者日常工作的内容非常广泛，一般包括个案工作、小组工作和社区工作的传统分类，服务目标集中在“丰富长者晚年生活、倡导长者关爱健康；倡导长者树立积极的生活态度，让长者拥有更好的生命质量和生活质量；营造良好的关爱长者、互帮互助的社区氛围，为长者提供发挥余热的平台”。在机构层面，老年社会工作者有多重角色，并提供多样性的服务，这是机构的优势。我们关注到，不同服务单位的社会工作者有明确服务的意愿，厘清老年社会工作专业的核心业务不仅能提升专业认同感，更有利于未来医养结合或者产业结合的服务发展。

第二，作为社区的老年人社会服务提供者，社会工作者每天都接触所属社区的老年人，为有需要的老年人及其家庭提供服务，这种因地制宜的精神非常值得嘉许。不过我们关注到，大多数社会工作者都不是当地社区的长期居民，更有的是在工作后才进入该社区的，对社区资源、文化、居民特色等似乎缺乏系统的认识。基于此，我们引入了社区资源的视角。该视角既符合项目的理念，也能适时填补空缺，让社会工作者从服务单位出发，通过系统的梳理方法，充分了解社区资源，从理论和实践层面推动社区资源的整合和链接，为此项目单独发展了“社区资源手册”上、下册，系统提升机构的社区认同，为机构在社区成为老年服务的领头军打下坚实的基础。

第三，社会工作者都充分了解需求评估的重要性，在服务规划和服务提供的过程中非常积极地运用评估的方法了解社区老年人的需要，一定程度上提升了服务的有效性和科学性。但社会工作者运用的评估工具缺乏统一性、全面性和国际比较性。为了进一步培育机构的专业能力，在一个机构下的各个服务单位都运用统一的需求评估工具将有利于机构层面对各个地区需求的了解和比较，能避免因为评估工具不同而带来的困惑。虽然运用单一维度的评估工具确实能发掘该维度的需求，但是老年人的需求往往超出单一维度，而且随着年龄的增加，多维度问题越来越普遍，因此，全面评估能有效解决这个问题。有效的评估必须依靠有信度和效度的评估工具，使用国际可比性的评估工具更能开阔视野，贡献未来服务发展的前瞻性。鉴于此，本项目设计了三级培育课程（初级、中级、高级），系统地结合知识传授、模拟演练、实地操作和服务发展，为正阳培育有领导力的老年社会工作专业人才。

三、全面提升服务绩效

在掌握了政策方向、培育了机构专业能力后，我们建议全面提升服务绩效。有效的绩效体系可以对非营利组织的发展起到积极的作用，合理有效的绩效体系可以帮助组织选择优秀的人才，使社会公众对组织增加信心（仲伟周、曹永利、Shunfeng Song，2006），建立品牌，聚集更多的社会资本。

民政部于2016年出台了《老年社会工作服务指南》，一方面为了能更积极应对人口老龄化，实现老有所养、老有所医、老有所为、老有所学、老有所乐，充分发挥社会工作者在养老服务业中的专业作用；另一方面，也为更好地引导社会工作服务行为，切实保障老年社会工作服务质量提供了框架依据。《老年社会工作服务指南》提出高质量的老年社会工作服务需要拟定七大标准，包括服务宗旨、服务内容、服务方法、服务流程、服务管理、人员要求和服务保障。《老年社会工作服务指南》从宏观层面为老年社会工作服务提供了合理和系统的框架，值得借鉴。在具体剖析《老年社会工作服务指南》，结合正阳老年社会工作服务实况的基础上，我们认为《老年社会工作服务指南》能够而且必须成为正阳老年社会工作服务发展核心指标的指引框架（见表 1.2），在此框架下的落地细化将有利于在宏观层面落实《老年社会工作服务指南》的精神，以及在微观层面指导日常服务和运作。

表 1.2　老年服务标准对照服务发展核心指标

<table>
<tr><th colspan="2">标准</th><th colspan="2">战略发展核心指标（KPI）</th></tr>
<tr><td rowspan="2">宗旨</td><td rowspan="2">1. 服务应致力于实现老有所养、老有所医、老有所为、老有所学、老有所乐
2. 应遵循独立、参与、照顾、自我实现、尊严的原则，促进老年人角色转换和社会适应，增强其社会支持网络，提升其晚年的生活和生命质量</td><td rowspan="2">1. 使命、愿景、价值观</td><td>1.1 机构层面：使命、愿景、价值观</td></tr>
<tr><td>1.2 个人层面：使命、愿景、价值观</td></tr>
<tr><td>内容</td><td>13 项：救助服务、照顾安排、适老化环境改造、家庭辅导、精神慰藉、危机干预、社会支持网络建设、社区参与、老年教育、咨询服务、权益保障、政策倡导、老年临终关怀</td><td rowspan="3">2. 组织定位
3. 人才梯队
4. 品牌服务</td><td>机构层面：
2.1 服务定位
2.2 评估平台
3.1 能力发展平台
4.1 机构协同的间接服务</td></tr>
<tr><td>方法</td><td>1. 基本服务
2. 特殊介入服务</td><td rowspan="2">个人层面：
3.2 核心能力体系七项指数
4.2 社会工作者主导的直接服务</td></tr>
<tr><td>人员要求</td><td>1. 老年社会工作者
2. 为老服务志愿者</td></tr>
<tr><td>流程</td><td>接案—预估—计划—介入—评估—结案</td><td>5. 服务流程</td><td>5.1 实证为本的项目流程
5.2 服务对象为本的标准化个案流程</td></tr>
</table>

续表

标准		战略发展核心指标（KPI）	
管理	1. 质量管理 2. 督导制度 3. 风险管理 4. 投诉与争议处置	6. 监管机制	机构层面： 6.1 组织运营架构 6.2 风险评估和指挥
			个人层面： 6.3 服务过程和结果评估绩效 6.4 核心能力体系七项指数

中国五千年的尊老敬老传统美德，为我们开拓和发展社区老年人服务提供了肥沃的土壤，同时我们必须看到，随着预期寿命的延长、居住方式的改变，社区专业养老服务的发展已变得刻不容缓。科学解读政策发现：发展“居家社区养老服务工程”和“养老机构服务提质增效”也十分重要。老年人喜欢在自己熟悉的社区居住，并与家人保持沟通和联系，故此我们认为社区服务要以老年人家庭为核心，通过培育专业社会工作者评估社区老年人在生理、功能、心理、认知和社会活动方面的优势和劣势，能有针对性地了解和分析社区老年人的需求，将老年人在三个服务层次中分流，匹配“9064”服务框架下的相应服务，实现为老服务“以老年人为本”的初心和战略。我们坚信，民政部发布的《老年社会工作服务指南》与服务机构绩效指标的有机结合，必能成为地区服务单位全面、可持续绩效提升的有利因素，从而促进机构更积极回应老年人持续改变的服务需求，实现真正意义上的持续精准服务。

第二章　领导力与执行

美国前国务卿基辛格曾经这样定义领导："领导是一个过程概念，就是领导者带领他的下属，从现在的地方，到达以前没有去过的地方。"基辛格对领导力的形容强调了领导力是一系列行为的组合，也就是说，通过一系列的引领行为激励团队成员，共同推动团队达成目标。在这个过程中，团队成员要充分发挥能动性和互动性，而不是简单地服从。我们认同以上关于领导力的描述，在项目实施的重要节点，协同机构不同层面的人员将有利于最大限度地发挥领导力，推进项目的执行。在本章中，会简述指导团队的作用和构成，梳理项目逻辑，最后总结实证研究模式。

第一节　指导团队

指导团队在项目执行中担当领导者的角色，分别由广州市番禺区正阳社会工作服务中心和香港大学秀圃老年研究中心的核心成员组成（见表 2. 1）。

表 2. 1　项目组人员架构表

	香港大学秀圃老年研究中心	广州正阳	顾问
负责人	楼玮群	邓红兵 郝　耀	廖焕标
主要成员	何志娟 孙　茜	陈江仙 姚丽萍	

指导团队的功能决定项目执行的方向、策略、具体参与者和执行时间表（见表 2. 2）。我们感谢指导团队的精诚团结和紧密合作，指导团队的重要决议是项目得以顺利实施的战略保证。

表 2.2　指导团队会议及决议

时间	会议	参与人	重要决议
2016.5.12	第一次联席会议（电话会议）	邓红兵、廖焕标、楼玮群、何志娟	方向和策略
2016.8.9	第二次联席会议	楼玮群、邓红兵、郝耀、廖焕标、何志娟	培育课程 调研范畴
2016.9.9	第三次联席会议（与正阳管理委员会同事午餐会）	楼玮群、邓红兵、郝耀、何志娟、陈江仙、郑穗雯	项目进度 培育和调研安排
2016.11.28	第四次联席会议	楼玮群、邓红兵、郝耀、廖焕标、何志娟	检讨项目进度 调研实施安排
2017.4.6	第五次联席会议	楼玮群、邓红兵、郝耀、何志娟	项目总结 报告逻辑
2017.6.10	第六次联席会议	楼玮群、邓红兵、郝耀、何志娟	项目报告修改重点

项目领导团队合照

第二节　研究逻辑设计

本项目的顺利实施，不仅得益于指导团队的领导和决策，还与正阳和秀圃团队在不同层面的有效沟通和密切协同密不可分。项目从开始到结束，在项目设计上有赖于正阳老年社工团在不同阶段和议题上的积极参与，才能收获预期的成果。项目在逻辑上可以分为五个关键环节，以实地调研和数据为依据，联动正阳不同层面的老年社工群组，实现领导力的带领和同工参与相得益彰。具体而言，这五个关键环节分别为：机构高层共识；协助管理层和中层解读策略；过程能力培养；了解社区老人需求；解读需求并发展服务介入的策略（见图 2.1）。

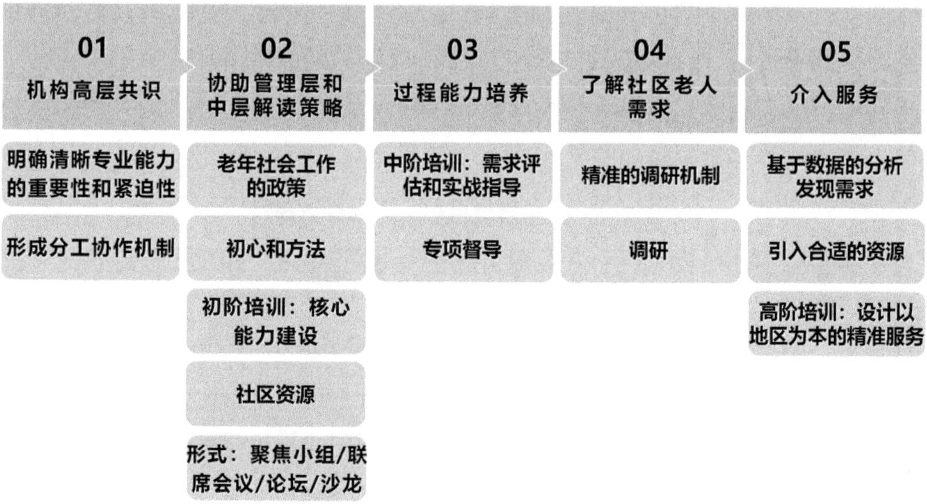

图 2.1　项目逻辑的五大环节

项目逻辑的五大环节环环相扣，有一定的时序性，即后面环节的执行要以前面的环节为依据，这样的逻辑过程充分保证了项目在实施过程中的连续性。在指导团队和组织领导层就项目的背景、理念和目标达成共识后，“广州正阳”和秀圃立即建立有效的工作和沟通机制。尤其在工作机制层面上，做到了第一时间联动机构的核心成员，让项目成为机构未来日常工作的重要组成部分。领导层的关注与支持是项目成功的关键因素，项目领导力的核心则是一般员工的认同和参与。因此，项目在达成共识后启动了老年社会工作者服务能力的初级培训，运用多元化的培育手法，让正阳所有的社会工作者一起来聚焦政策、澄清疑惑、挖掘社区资源，让项目能真正落地。项目的第三个节点是培养以综合评估为核心的老年社会工作者工作的专业能力，因为我们相信，每一个老年社会工作者都必须清楚了解综合评估的背景、了解综合评估的范畴并掌握综合评估的方法，这样才能让服务产生现实的效果。我们明白要从书本知识转化为实践能力，必须要通过实地操作、经验反馈、解答疑难和再操作来实现。因此，在第三和第四个环节中间，每一个参与的员工都根据自己的演练经验就评估问卷的设计、语句、访谈过程和记录方法分享自己的想法。秀圃和正阳的指导团队本着细心聆听、追求卓越的情怀，不断修正问卷内容和操作流程。在所有参与者的共同努力下，完成了 95 份有效问卷。虽然样本数量有限，但同工的社会工作专业能力，尤其是综合评估能力得到了可持续性的提升，这一点在与招商局的合作项目①中得以充分体现。项目的最后逻辑点是如何有效地将调研的发现落到实处，第三阶段高级能力培育将进一步展现。表 2.3 列出了项目领导力参与的重要过程。

表 2.3 项目逻辑过程中的领导力参与

时间	事件	主要负责人
2016.5.18/5.25	督导：项目介绍、时间表拟定、调研安排	郝耀、何志娟、陈江仙
2016.5.30—6.2	广州番禺区前期调研：培训需求调研；长者服务情况摸底访问	郝耀、何志娟、陈江仙
2016.6.23	督导：项目跟进	郝耀、何志娟、陈江仙

① 2017 年 3 月起，香港大学秀圃老年研究中心和广州正阳社会工作服务中心联合向香港招商局慈善基金会申请项目资助，以广州番禺区、深圳市南山区为样本地区，对当地 55 岁以上长者的生活和健康状况、养老服务现状与问题以及养老服务的需求和选择意愿进行评估。旨在依据此实证研究结果，为政府政策制定或养老服务的顶层设计提供数据依据，为科研机构提供应用性研究的参考依据，为其他欲参与到社区养老服务的利益相关方提供方向指引，并为社会服务机构提供介入建议、普及专业服务过程及为照顾者提供专业照顾技能的支持。

续表

时间	事件	主要负责人
2016. 7. 12	确定课程主要内容和时间安排	楼玮群、郝耀、何志娟
	需求问卷定稿和网络填写	楼玮群、何志娟
2016. 8. 16	督导：社区资源手册的撰写大纲	郝耀、何志娟、陈江仙
2016. 9. 2	正阳培训人员统筹会议	楼玮群、何志娟、博士助教团
2016. 9. 8—9. 10	能力建设三日培训（初阶培训）	楼玮群、何志娟、博士助教团
2016. 9. 14	广州正阳专项发展小组会议（研习班培训总结和近期工作计划报告）	郝耀、何志娟、陈江仙、郑穗雯
2016. 9. 18	社区长者健康和服务状况问卷初稿	楼玮群、何志娟
2016. 10. 9	督导：番禺区居家养老服务现状调研课题方案	郝耀、何志娟、陈江仙
2016. 10. 14	广州正阳专项发展小组会议+专项督导	郝耀、何志娟、陈江仙、郑穗雯
2016. 10	社区长者问卷设计修改	楼玮群、何志娟
2016. 11. 7	番禺区居家养老服务现状调研顶层设计方案	郝耀、何志娟、陈江仙
2016. 11. 17	番禺区长者问卷预调研+社区资源地图指导	何志娟、正阳同工
2016. 12. 7	专项督导	何志娟、陈江仙
2016. 12. 12	项目专业督导：问卷和调查员手册再修订	楼玮群、何志娟
2016. 12. 23	需求调研能力和方法培训（中阶培训）	郝耀、何志娟、刘惠颖、姚丽萍
2017. 1. 3	需求调研能力和方法培训（中阶培训）	郝耀、楼玮群、何志娟、姚丽萍
2017. 1. 16	项目专业督导：项目汇报与跟进事宜	楼玮群、郝耀、何志娟
2013. 1. 23	项目专业督导：项目汇报与跟进事宜	楼玮群、郝耀、何志娟
2017. 2. 9	项目会议	郝耀、何志娟
2017. 2. 16	项目专业督导：项目汇报与跟进事宜	楼玮群、郝耀、何志娟

续表

时间	事件	主要负责人
2017. 3. 2—3. 3	正阳需求问卷评估答疑培训	何志娟、姚丽萍
2017. 3	社区调研	郝耀、黄柳婧、姚丽萍
2017. 3. 15	项目会议	郝耀、何志娟
2017. 4. 25	数据分析和报告修订	楼玮群、郝耀、何志娟
2017. 6/ 2017. 10	数据分析和报告交流（高阶培训） 项目定制优化（高阶培训）	楼玮群 孙茜

第三节　实证研究模式

本项目是秀圃老年研究中心首次跨境与在地社会服务机构合作，目的是通过实证为本的研究和实践，建立有番禺（广州）特色的老年社会服务发展策略和框架。在项目实施顺利完成后，总结了产研结合的实证研究模式（见图 2. 2）。

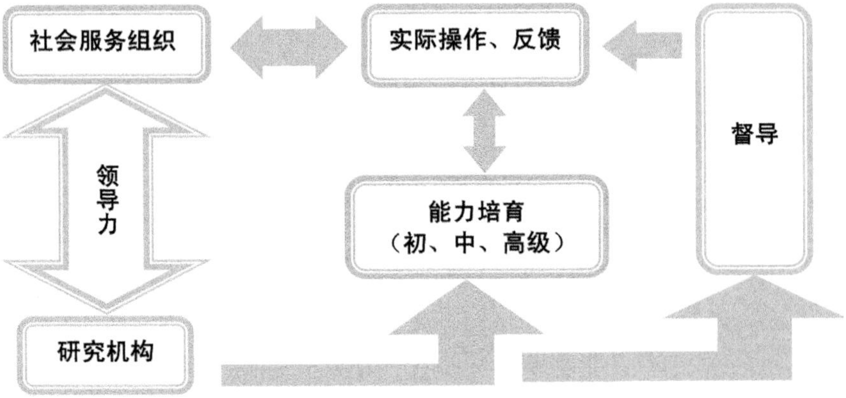

图 2. 2　实证研究模式

在图 2. 2 显示的模式中，领导力（指导团队）的建立是关键。“广州正阳”的理事会和总干事就组织发展需要与研究机构的协同力达成共识。特别是在领导力运用方面的共识，即坚信要带动组织作为整体，和组织中的个人共同向着组织认同的方向前进，探索未知。在此阶段，协同力与共识的建立对项目的推动起到了事半功倍的作用。

在探索社区精准为老服务的发展策略过程中，研究团队的作用体现在以下两方面。一方面，研究团队可以为组织设计具有针对性的在地服务，并结合政策发展方针的培力课程，从理论、实践和转化的角度，培育组织成员的专业能力，凝聚组织成员的专业精神，促进其发挥老年服务的专业性。培力课程分阶段、多样式进行，理论为先、打基础，实践随后、听反馈。在不同阶段的培力之间，鼓励参与者运用所学，探究服务新模式。在整个培力过程中提供实时督导，研究方充分认识到研究方和在地组织在地域上有一定的距离，特地安排研究员在就近的地区居住，以方便提供在地督导和协助。另一方面，在地组织的所有参与者都被邀请参与项目，鼓励在学习了基础知识后积极实操，研究方积极聆听反馈意见，在培力内容、实操问卷、落地访问等环节都采用了参与者的建设性建议和意见，推动项目的顺利进行。

总体来说，该项目的研究模式可以总结为：行动研究为蓝本、研究内容助培力、培育专力促服务。这个实证研究的模式对有类似需求的社会组织极具参考价值。

第三章　老年社会工作者能力建设

第一节　老年社会工作核心能力

Pecora、Cherin、Bruce 和 Arguello（2010）对“能力”进行如下的定义：“任何知识、技能、属性、可被观测的个人行为模式、互动和与工作相关的活动，随着时间的推移，有助于实现组织使命和战略目标的成就。”Tam（2009，2011）对老年社会工作者的角色进行了五个维度的划分，分别为工作技巧、社会意识、伦理道德、实践工作的适应性和个人的适应性。排除社会工作者参与的行政工作，从专业的角度来说，老年社会工作者需要承担三个关键角色：服务提供者、咨询顾问、个案经理。*Council on Social Work Education*（2011）中提出，一名称职的老年社会服务提供者应该能体现社会工作价值观，掌握社会福利与人类发展相关理论，执行综合评估，开展介入服务，以及倡导与老年人相关的福利政策。咨询顾问的角色和能力，参看 Ridley 团队（2011）给出的“胜任力模型”。这个模型以结果为导向去评估辅导咨询能力，咨询顾问要为自己的认知、情感和行为保持洞悉的能力，同时建立自我省察习惯，着重于推动治疗中的改变，而不是技巧的领略。*Case Management Society of America*（2010）中提出，个案经理的核心技能应包括人际沟通能力、批判性思维、组织管理、统计分析能力等。研究表明，能力提升与减少职业倦怠风险相关（Wang & Lee，2009），即有较强能力的人更不容易产生职业倦怠。同时，高能力与自我效能的关系也非常紧密（Germain & Gitterman，1995）。

结合华人社区的实际情况，香港大学秀圃老年研究中心团队于 2012 年发展了老年社会工作能力模型：老年社会工作三层能力模型（Three-Level model of social work competence）（Lou，W. Q.，Tong，H. M.，2010；Lou，V. W. Q.，Boey，K. W.，Au，J. W. N.，2013）（见图 3.1）。第一层包括老年学知识、工作态度、个人属性，这三个领域的能力奠定了整体能力的基础，能帮助个人成为有知识、有价值观、有热情的社会工作者。建立有建设性的工作关系是社会工作者的能力，在老年社会工作领域，关系在第二层，它是第一层和第三层的纽带。也就是说，如果社会工作者没有建立、维持和结束关系的能力，那么就无法将最适合的服务带给服务对象。关系能力需要社会工作者在第一层整体能力的基础上，挥洒自如地与服务对象及其家庭沟通和互动。评估和计划、执行和检验、结束和跟进，这三个领域的能力构成了第三层架构，它们充分体现在社会工作的整个流程中，对老年社会工作者来说，往往需要重复这个过程，以达到最佳的服务效果。

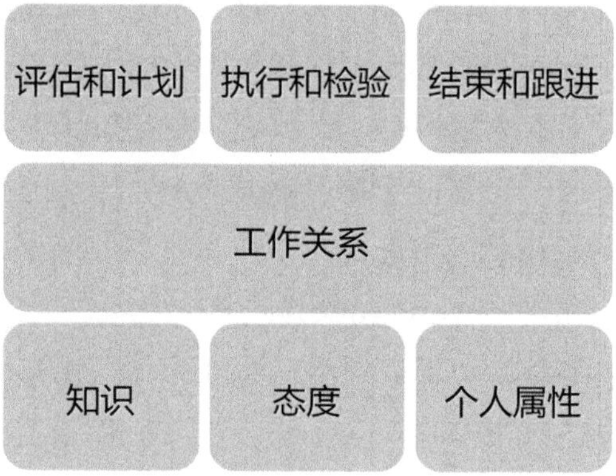

图 3.1　老年社会工作三层能力模型

在老年社会工作三层能力模型的基础上，秀圃团队进一步发展了相应的测评工具：老年社会工作能力问卷（Social Work Competence Scale-Gerontology，SWCS-G），SWCS-G 包含 74 个项目，旨在衡量社会工作者在七大板块的能力水平，反映了对“三层能力模型”的运用：

（1）知识：老年学知识、护理知识、照顾知识等。

（2）态度：善于接受建议、为服务对象的福祉克服困难等。

（3）个人属性：细心、留意和关心服务对象的行为等。

（4）工作关系：调解人际冲突、与跨专业团队合作等。

（5）评估和计划：识别服务对象的行为问题、评估照顾者的需要和压力等。

（6）执行和检验：监察个案进度、检讨及跟进个案管理计划等。

（7）结束和跟进：识别及检讨服务欠缺成效的原因、评估服务成效等。

第二节　“老龄友善”培力计划

一、培力计划需求调查

为了培育能为建设“老龄友好型社区”贡献专业精神的老年社会工作者，本项目开发了“老龄友善”培力计划。在上述老年社会工作核心能力概念框架的指导下，全面了解正阳社工的培训需求。鉴于老年社会工作者能力评估测量表的表述以香港的社会与文化环境为基础，本项目的研究团队首先对问卷进行了本地化。通过预调研，在保持语义不变的情况下，对部分词语进行了修改，将繁体字统一改成简体字，并生成网络问卷形式。2016 年 8 月，通过纸质和网络形式向“广州正阳”养老和残康团队社会工作者发了 45 份，不记名收到 35 份，成功率 77.7%。

表 3.1 介绍了受访者的基本情况，包括性别、岗位、从业年限、老年服务经验。

表 3.1　受访者的社会人口特征（N=35）

	频率	百分比（%）
性别		
男	8	22.9
女	27	77.1
岗位		
社工助理	2	5.7
一线社工	18	51.4
中心（副）主任	7	20

续表

	频率	百分比（%）
区域负责人	2	5.7
督导/督导助理	3	8.6
其他	3	8.6
从业年限		
不足一年	3	8.6
1~2年	6	17.1
2~4年	12	34.3
4年以上	14	40
老年服务经验		
有	27	77.1
没有	8	22.9

表3.2显示，参与调查的社会工作者对参与培训有积极的态度。对于参与者而言，安排培训的频率保持在一个月一到两次为最佳。

表3.2　过去参与培训的情况

	频率	百分比（%）
参加培训的频率		
每个月一到两次	21	60
每个季度一到两次	8	22.9
每年一到两次	3	8.6
每两周一到两次	2	5.7
每周一次	1	2.9
对培训的满意度*		
很满意	19	54.3
一般满意	15	42.9
是否愿意接受培训		
是	34	97.1
否	1	2.9

* 有1人未作出满意度评价。

表3.3显示，在能力框架中对知识、评估和计划、结束和跟进有强烈的培训需求。受访者需要增强知识的需求最强烈。同时，对同工来说，第三层三个领域能力，即与服务直接关联的，需求也较为明显。

表3.3　老年社会工作核心能力自评

	平均值	SD
知识	5.25	1.6
评估和计划	4.98	1.7
结束和跟进	4.95	1.7
执行和检验	4.94	1.7
关系	4.75	1.8
态度	3.92	2.2
个人属性	3.81	2.2

二、培力计划模块与内容

以上的数据显示，老年社会工作者对加强知识和过程能力有渴求，考虑到老年学知识的培训面非常广，建议在项目期间结合不同资源，并在机构拟定了服务方向后有针对性地提升。项目组研究决定培训集中在过程能力的提升方面，并分三个阶段设计课程。课程命名为“老龄友善”培力计划研修班，从四个模块（政策、社区、需求评估和实操）入手，培育老年社会工作能力（见图3.2）。

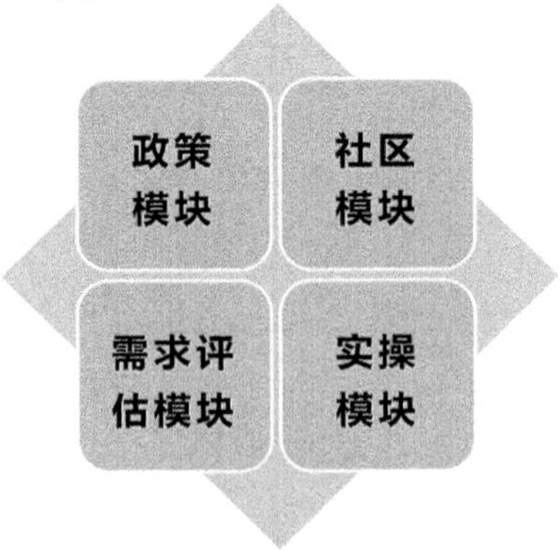

图3.2　“老龄友善”培力计划模块

对现有政策内容及未来发展方向的掌握是组织在地区发展社会工作服务的基石。我国的社会政策在国家层面往往比较注重框架和策略，这样可以让不同发展水平的地区有弹性地发展因地制宜的当地政策，所以对国家及地区的政策进行解读十分重要。因此，在这个板块着重介绍国家视野、国家服务体系政策，并引入老年社会工作在整个养老服务中的定位。经过这个模块的培力，参与同工能厘清思路、重回初心，链接政策与服务，更有效地定位服务的使命和意义。

无论是政策转化为服务抑或是以服务推动政策的转变，都需要了解和掌握社区资源。在社区模块涉及老年社会工作在本土的文化和社会基础，例如尊老敬老的文化传统，重视家庭、依赖家庭的行为范式，少子化和家庭居住安排的挑战等，从而指出实证为本的老年社会工作服务在内地没有现成的模式可供指导，而境外的模式也至多具有参考意义。并以此肯定和欣赏同工在当地开创老年社会工作服务的先驱性，激励同工本着建设老年友好型社区的使命，在学习案例的基础上，操作制定社区地图，挖掘社区为老服务的硬件和软件资源，增强社区联动能力。

在解读政策和链接社区资源后，培力的关键是让所有参与的同工都具备评估社区老人需求的能力。培力计划设计了老年人需求评估模块，特别强调老年人需求评估的特殊性，即老年人的需求多数是多层次、多维度的，与成年人比，老年人单一需求的可能性较小；再者，要培育社会工作者在社区精准地为老年人提供各种服务，综合性服务对老年人的生活更有帮助。所以培力计划特别强调学员通过知识的学习和实际经验的反思，认同综合评估的重要性，以及综合评估的范畴，且用综合评估问卷让参与者实际体验，从而实现了知识的链接、反馈的回应以及问卷的优化。

如前所述，培力计划的目的非常明确，是为了提升老年社会工作者的专业能力。所以，培力计划从一开始就注重理论和实际相结合，充分运用多元化的培训手段，例如角色扮演、行动计划设计、案例分析、社区资源地图绘制、老年人及其照顾者健康状况调查等，强化学习效果。研究团队要提供课后督导，排忧解难，致力让每一位社会工作者都能掌握培力计划既定的操作能力目标。

三、培力计划阶段与主题

考虑到培力不能一蹴而就，所以分三个阶段实施（见图 3.3 和图 3.4），从高处着眼，宏观把握服务框架和国际趋势，再逐步深入，夯实老年社会工作服务流程的基本功。

图 3. 3　分阶时间表

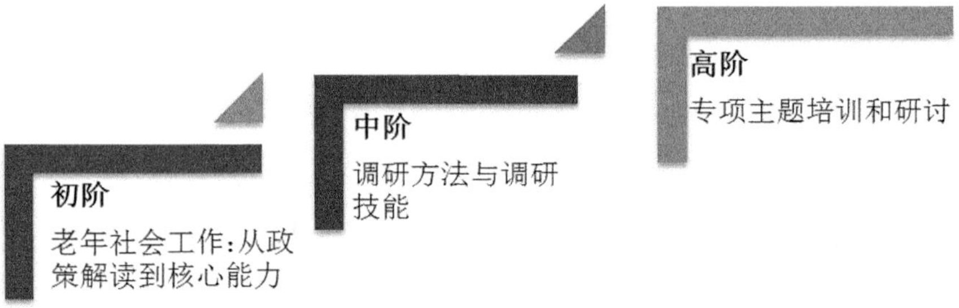

图 3. 4　课程主题

在需求调研、分析的基础上，对模块进行精细化的设计，将理论和实际有机结合，将实证方法融合在服务中，寓教于行。详细的课程设计内容见表 3. 4。

表 3. 4　社工能力建设课程内容

课程时间	课程名称	课程主要内容	导师
2016. 9. 8—9. 10：初阶培训	老年社会工作——从政策解读到核心能力	以老年社会工作的核心能力要素为出发点，探索如何在“9064”养老服务体系框架中融合我国香港地区和世界各地的创新养老服务模式，结合有效的评估和调研工具，充分发现社区资源以及优势，达到精准定位和设计有效的养老服务项目	楼玮群 何志娟 刘惠颖 孙茜 李梦婷 宋雅君

续表

课程时间	课程名称	课程主要内容	导师
2016. 12. 22—2017. 1. 3：中阶培训	调研方法与调研技能（上篇 & 下篇）	通过介绍问卷调研的方法及提问技巧，提升学员们的问卷设计能力，帮助其掌握有实务指导意义的社会工作调研方法； 解答预调研中的困惑，解释社会工作研究方法论及问卷设计	楼玮群 何志娟 刘惠颖
2017. 3. 2—3. 3	工作坊	将初阶和中阶的课程集体视频温习，提出遗忘的或者有疑问的部分，专题解答	何志娟
2017. 6—2017. 9：高阶培训	专项主题培训和研讨	一方面用数据分析的思路解读报告；另一方面专项开展照顾者支持项目管理能力提升课程及后续跟进工作坊	楼玮群 何志娟 孙茜

四、培力计划实施与评估

基于实证为本的需求调研的课程培训反馈，初阶、中阶和高阶培训分别报告。

1. 初阶培训

对总体授课内容的评价很好，非常满意的占 63. 70%，满意的占 29. 80%（见图 3. 5）。

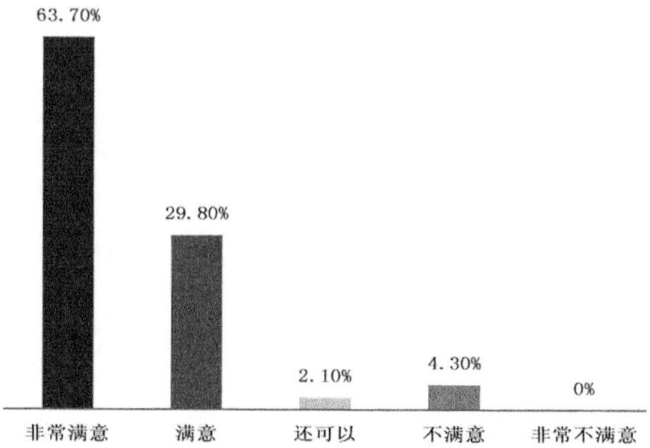

图 3. 5　初阶培训——授课内容的总体满意度

针对授课内容（老年社会工作的基础和专业价值、三层能力范式、需求评估和方法、社区资源和社区地图、行动计划等），学员以开放式问题反馈如下：

（1）多开展类似培训，多举行多类型的工作能力培训，针对不同层次能力的人员进行培训。

（2）希望讲授的知识能多结合社会工作实用一些，培训模式设计很好。

（3）老师们很认真，感谢分享宝贵知识，理论尽可能浅白。

（4）希望可以有更多的同工来参加。

（5）希望能有更多实操的学习机会。

（6）希望授课方式更多样、更接近实务操作。

（7）在对失独长者方面介绍更多的知识点。

（8）中阶、高阶控制人数。

（9）期望可以继续接受相关培训，继续学习。

（10）下次开展实际服务中所遇问题的应急解决方案。

（11）桌椅的设置：如果可以有桌子就更好了。

（12）有实操方面的知识点会更加生动有趣。

2. 中阶培训

中阶培训 2 篇。满意度评价计分标准为：非常满意 5 分，满意 4 分，还可以 3 分，不满意 2 分，非常不满意 1 分。中阶培训上篇的实到人数 23 人，回收的有效问卷 20 份，对授课内容整体满意度为 93.3%（各单项“满意+非常满意”之和 560 占总分数 600 的比重）。具体反馈如图 3.6 所示。

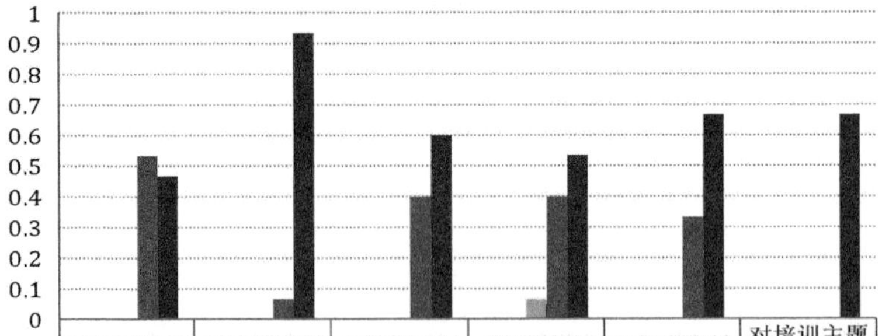

	对培训讲师的授课方式	对培训讲师的工作态度	对培训时间的安排	对培训场地的安排	对培训资料的准备	对培训主题和内容的设计
非常不满意	0	0	0	0	0	0%
不满意	0	0	0	0	0	0%
还可以	0	0	0	6.70%	0%	0%
满意	53%	6.70%	40%	40%	33%	0%
非常满意	47%	93.30%	60%	53%	67%	67%

图 3.6 中阶培训（上）——授课内容的总体满意度

中阶培训下篇的实到人数 16 人，回收的有效问卷 15 份，对授课内容整体满意度为 94. 8%（各单项“满意+非常满意”之和 853 占总分数 900 的比重）。具体反馈如图 3. 7 所示。

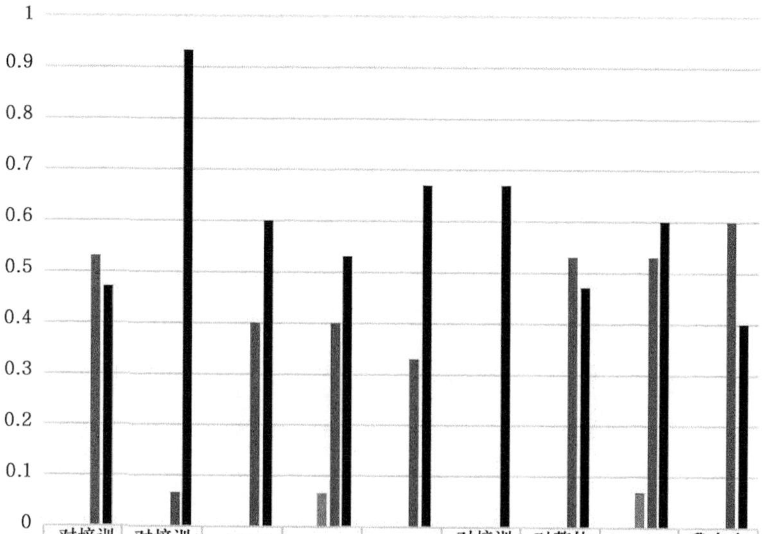

	对培训讲师的授课方式	对培训讲师的工作态度	对培训时间的安排	对培训场地的安排	对培训资料的准备	对培训主题和内容的设计	对整体培训模式的设计	本次培训对我的帮助	我在本次培训的投入程度
非常不满意	0	0	0	0	0	0	0	0	0
不满意	0	0	0	0	0	0	0	0	0
还可以	0	0	0	6.70%	0	0	0	7%	0
满意	53%	6.70%	40%	40%	33%	0	53%	53%	60%
非常满意	47%	93.30%	60%	53%	67%	67%	47%	60%	40%

图 3. 7　中阶培训（下）——授课环节的细分满意度

同时，学员的反馈如下：

（1）调研访谈技巧：访谈过程中如何提问、抓住关注点及注意事项。

（2）了解调研实操中可能会碰到的困难及其应对方法。

（3）需求调研的思路更清晰，很多工具可以在日常服务中利用。

（4）问卷板块设计：针对不同的群体使用不同的辅助量表。

（5）公共资源使用的概念澄清，社会工作中可以做到和无法做到的服务。

（6）希望了解更多关于需求的筛选，服务优先顺序确定。

（7）希望了解更多长者服务思路和规划。

3. 高阶培训

高阶培训共两篇。满意度评价计分标准为：非常满意 5 分，满意 4 分，还可以 3 分，不满意 2 分，非常不满意 1 分。高阶培训上篇的实到人数 23 人，回收的有效问卷 20 份，对授课内容整体满意度为 97%（各单项“满意+非常满意”之和 873.3 占总分数 900 的比重）。具体反馈如图 3.8 所示。

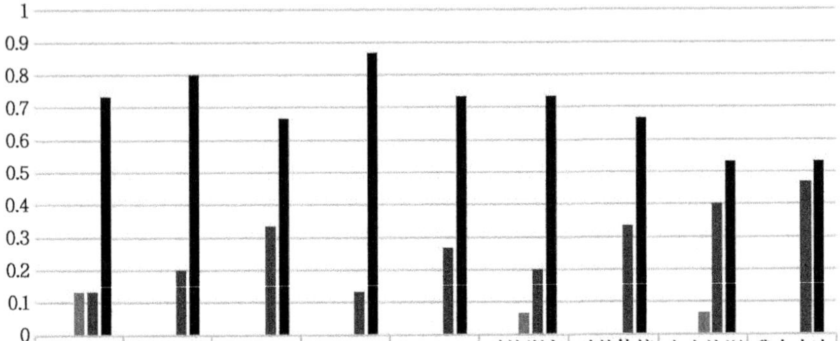

	对培训讲师的授课方式	对培训讲师的工作态度	对培训时间的安排	对培训场地的安排	对培训资料的准备	对培训主题和内容的设计	对整体培训模式的设计	本次培训对我的帮助	我在本次培训的投入程度
非常不满意	0	0	0	0	0	0	0	0	0
不满意	0	0	0	0	0	0	0	0	0
还可以	13.33%	0	0	0	0	6.67%	0	6.67%	0
满意	13.33%	20.00%	33.33%	13.33%	26.67%	20.00%	33.33%	40.00%	46.67%
非常满意	73.34%	80.00%	66.67%	86.67%	73.33%	73.33%	66.67%	53.33%	53.33%

图 3.8　高阶培训满意度（上篇）

同时，学员反馈此次高阶培训中对工作发展有帮助的内容如下：

（1）照顾者照顾服务项目计划设计的内容、维度以及对项目风险的规避。

（2）我国香港地区的长者服务经验。

（3）项目的评估内容及流程。

（4）希望了解更加细化和具体的案例分享。

（5）希望了解照顾管理方面的知识和案例。

（6）希望了解项目梳理案例。

高阶培训下篇的实到人数 22 人，回收的有效问卷 17 份，对授课内容整体满意度为 80.7%（各单项“满意+非常满意”之和 726 占总分数 900 的比重）。具体反馈如图 3.9 所示。

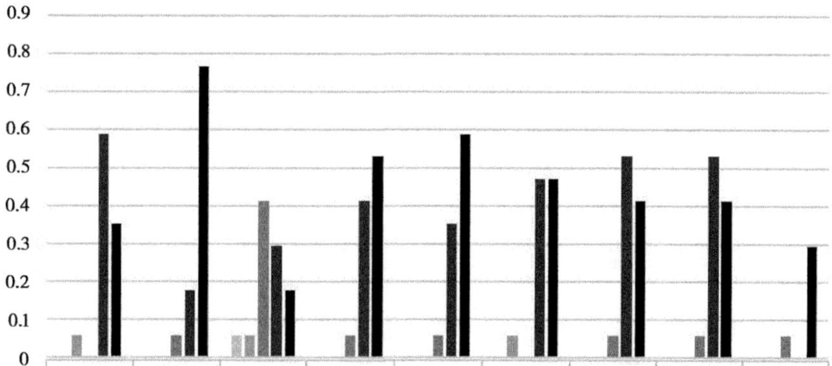

	对培训讲师的授课方式	对培训讲师的工作态度	对培训时间的安排	对培训场地的安排	对培训资料的准备	对培训主题和内容的设计	对整体培训模式的设计	本次培训对我的帮助	我在本次培训的投入程度
非常不满意	0	0	5.89%	0	0	0	0	0	0
不满意	5.89%	0	5.89%	0	0	5.88%	0	0	0
还可以	0	5.89%	41.18%	5.89%	5.89%	0	5.88%	5.88%	5.88%
满意	58.82%	17.64%	29.41%	41.18%	35.29%	47.08%	52.94%	52.94%	0
非常满意	35.29%	76.47%	17.63%	52.94%	58.82%	47.08%	41.18%	41.18%	29.41%

图 3.9　高阶培训满意度（下篇）

同时，学员反馈此次培训中对工作发展有帮助的内容如下：

（1）政策解读对长者服务开展的重要性。

（2）老年友好型社区的概念。

（3）长者个案管理工作指引。

（4）服务设计的精准性。

（5）长期照顾服务的内容及原则。

（6）服务标准化以及服务成效的重要性。

还需要了解的内容及不足有：

（1）培训内容与家综指标相结合更加细化和具体的案例分享。

（2）培训的时间安排有待改进。

第三节　机构养老服务能力建设指南

在本项目“老龄友善”培力计划成功实施的基础上，我们提出以下养老机构能力建设指引。

一、建设愿景

（1）机构老年社会工作者能力建设是发展老年友善社区的基础。

（2）机构老年社会工作者能力建设要以解读政策为导向。

（3）机构老年社会工作者能力建设以社区资源联动为契机。

（4）机构老年社会工作者能力建设以综合评估为依归。

二、建设目的

（1）机构发展一套能力建设的路线图。

（2）机构同工实时解读从中央到地方再到社区的有关社会福利和老年社会服务发展的政策。

（3）机构在服务当地老年人时掌握完整的社区资源地图，并定期更新。

（4）机构发展一套老年人综合需求评估体系，包括问卷体例、问题、编码、需求分析方法，以建立网上平台为最佳。

三、建设内容

参照本项目，建议设计四大模块，包括政策模块、社区模块、需求模块和实操模块。在具体推广时，需要考虑当时当地机构的处境和机构人员的需求，可以对模块内所涵盖的内容作出调整。

四、建设步骤

本项目的培训分三个阶段进行，主要考虑项目的进程和目标，如果在没有具体项目的情境下，建议将三级培力设计成为长效培力机制。例如，新同工到岗，3 个月内需掌握政策模块；6 个月内掌握社区模块和需求模块；4~6 个月进入实操，配备实时督导；7~12 个月，尝试独立实操，定时督导；直到 12 个月完成所有模块。当然现实未必能这么理想，人员流动的因素必须加以考虑，建议将课程的教授部分放入网上平台，这样新员工可以随时随地学习。老员工也建议在 12 个月内完成所有四大模块的培力。

五、建设情况评估

以本项目的经验，建议在培力模块完成后邀请参与问卷评估，并增加督导实时评估，及时提供反馈和改善建议。

六、具体行动策略

本项目在培训形式（见图 3. 10）上超越传统的授课形式，以封闭训练与沙龙工作坊相结合的形式，在各阶段的培训中，采取安排名师专业授课、博士团小导师陪练、工作坊案例研讨、情景模拟会、线上线下畅联等方式，更配合实务的指导，包括社区资源地图实务练习培训、评估调研重温、反馈答疑课程等。

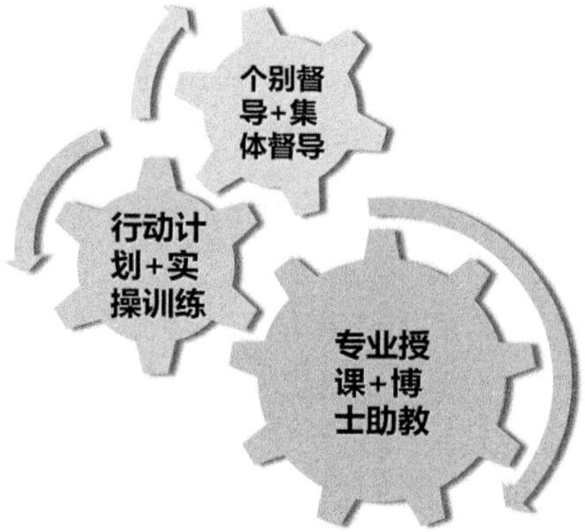

图 3. 10 培训形式

第四章　老年人社区服务需求解读

第一节　实证研究方法

从前述讨论中可以看到，实现老年友好型社区的最终目标是发展精准服务，让老年人能尽可能地在社区居住养老。精准服务的发展要基于对老年人需求的评估，从理论上说，需求可以有不同的定义，例如感受到的需求、表达的需求、标准的需求和相对的需求。考虑到本项目的调查在番禺区是首次，而在番禺区内老年人精准服务的发展还在探索阶段，并且本项目的调查规模未必完全具有代表性，有尝试的性质，因此我们锁定在标准需求和相对需求的层面，运用问卷调查的方法来探索。

一、研究对象

居住在广州市番禺区钟村街、东环街和沙头街的老人，截至 2016 年 12 月 31 日满 50 岁及以上（即 1966 年及以前出生）、认知能力没有困难或有部分困难、有亲属（包括朋友、邻居）照顾的社区居家老人 100 位及其主要照顾者。

二、研究工具及量表

本项目以全人健康理念为主要指导框架，即认为老年人的需求与健康状况是全面的概念，老年人的身体、心理、社会和心灵都应被视为其生活状态与健康状况的有机组成部分，它们互相影响、互为因果。因此，在对参与研究的老年人进行需求评估的过程中，涵盖了身体、心理、社会和心灵健康四大范畴的内容。

本项目的调研工具在秀圃老年研究中心香港长者和照顾者研究问卷基础上修改而成，分为老年人和照顾者两份：《广州市番禺区社区老人健康和照顾状况调研》问卷和《广州市番禺区照顾者身心健康状况调研》问卷。

《广州市番禺区社区老人健康和照顾状况调研》问卷首先用简易问题筛查老年人的健康状况，并在有需要的部分用标准化量表评估老年人的身体功能、精神健康、认知健康、社交健康、临床症状（CHRALS，2011；2010 年中国城乡老年人口状况追踪调查城市个人问卷；2008 年第四次国家卫生服务调查）和家居安全，运用的量表分别为《日常生活活动和功能性活动能力》量表（*InterRAI community health assessment form*，2010）、《简易精神状态问卷》（SPMSQ）、《家居环境安全评估》（香港明爱安老服务个案服务登记及需要评估表，2012）、《老年医学抑郁量表（GDS-15）》、《疼痛量表》（香港明爱安老服务个案服务登记及需要评估表，2012）和 *LUBBEN SOCIAL NETWORK SCALE—6 - Item Version*（Lubben，J. E.，1988）。

三、调查过程

在展开调查之前，项目组对专业社会工作者进行了两次工作坊式的教学培训，通过预调查的反馈再进行一次教练式的模拟答疑练习。最终参与本次社区调查的访问员全部接受专业培训，于 2017 年 3 月 4—31 日向广州正阳番禺区内服务单位的长者发出邀请。本研究的样本数量为 100 份，成功回收 95 份，回收率 95%。

第二节 全人健康结果分析

一、参加者背景资料

本次研究在番禺区抽样 95 份，从性别、年龄、在世子女的数量、婚姻、受教育情况、宗教、工作情况、是否独居等方面了解参加者的背景资料（见表 4.1）。在 95 位受访者中，男性 24 人（25%），女性 71 人（75%）。参加者的年龄可划分成不同组别，当中 50~60 岁老年人有 46 人（48%），61~70 岁老年人有 31 人（33%），71~80 岁老年人有 16 人（17%），81~90 岁老年人有 1 人（1%），90 岁以上老年人有 1 人（1%），可见年轻老人参加更多。就受教育程度而言，初中学历的老年人占 20%，高中学历老年人占 26.3%，大专或大学及以上老年人占 9.5%。对于工作情况，有 61.1%的受访者退休，占最大比例。是否独居的情况中，绝大多数受访者非独居，占 96.8%。

表 4.1　参加者背景资料

变量	频率	百分比（%）
性别		
男	24	25
女	71	75
年龄		
50~60 岁	46	48
61~70 岁	31	33
71~80 岁	16	17
81~90 岁	1	1
90 岁以上	1	1
在世子女的数量		
有两个或以上儿子	29	30.5
有两个或以上女儿	34	35.8
其他情况	32	33.7
婚姻		
已婚	73	76.8
分居	2	2.1
离婚	2	2.1
丧偶	18	18.9
受教育情况		
未受过教育或只上过幼儿园	12	12.6
小学	30	31.6

续表

变量	频率	百分比（%）
初中	19	20
高中	25	26.3
大专或大学及以上	9	9.5
宗教		
无宗教	39	41.1
基督教	2	2.1
佛教	4	4.2
传统民间信仰	50	52.6
工作情况		
退休	58	61.1
工作（在职）	21	22.1
失业	16	16.8
是否独居		
是	3	3.2
否	92	96.8

二、老年人的身体功能和临床症状

将慢性病患病情况按照患病人数由高到低排序（见表4.2），排名第一的是颈椎/腰椎病，29人；第二位是高血压，27人；第三位是关节炎或者风湿，19人。总体而言，没有患慢性病的有22人，占23.2%，患一种慢性疾病的有44人，占46.3%；患两种或以上慢性病的有27人，占28.4%。

表4.2　慢性病状况

变量	数量	百分比（%）
慢性病排名		
1. 颈椎/腰椎病	29	30.5
2. 高血压	27	28.4
3. 关节炎或者风湿	19	20

续表

变量	数量	百分比（%）
患慢性病的数量		
没有慢性病	22	23.2
有一种慢性病	44	46.3
有两种或以上慢性病	27	28.4
其他情况	2	2.1

从表4.3可以发现，老年人在使用交通工具、上下楼梯、步行和购物这些日常生活功能性活动中存在由高到低程度的困难，且部分需要协助，甚至困难到无法完成（如做饭、家务、购物、使用交通工具），需要借助外力完成，主要依靠配偶或者儿子。以下为有困难且需要依靠他人的具体情况，其中缺失值反映了未明确报告有困难且需要依靠他人的情况。

表4.3　日常活动和功能性困难及依靠他人的情况（人数）

	有困难的数量	靠配偶	靠儿子	缺失值
洗澡	1	0	1	0
个人卫生	2	0	1	1
穿上衣	1	0	0	1
穿下衣	2	0	1	1
步行	5	0	1	4
楼层内活动	4	0	1	3
做饭	3	2	1	0
普通家务	4	2	1	1
个人财务	1	1	0	0
药物处理	2	1	0	1
使用电话	2	0	0	2
上下楼梯	8	1	1	6
购物	5	1	0	4
使用交通工具	9	1	2	6

综合地看，除了老年人自己照顾自己以外，能给予受访老年人最多照顾的照顾者分别是配偶（17.7%）、儿子（8.3%）、女儿（1%）、孙子女（1%）（见图 4.1）。

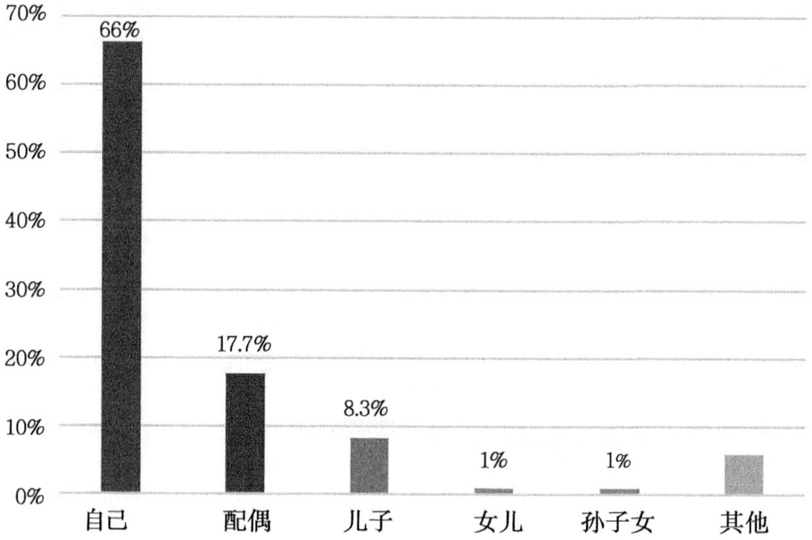

图 4.1　照顾者分布

视力、听力、疼痛、跌倒、口腔状况自评、牙齿对生活的影响、皮肤对生活的影响中，老年人的情况反映如表 4.4 所示。牙齿和皮肤的状况是老年人很重要却又经常被忽视的健康问题。因此，我们对牙齿对生活的影响和皮肤对生活的影响作了调查。

表 4.4　身体健康情况

变量	频率	百分比（%）
视力		
良好	46	48.4
轻微不健全	40	42.1
中度不健全	8	8.4
严重不健全	1	1.1
听力		
正常	82	86.3

续表

变量	频率	百分比（%）
有些困难	10	10.5
特殊情况能听见	3	3.2
疼痛		
有	27	28.4
没有	67	70.5
未报告	1	1.1
跌倒		
过去90天内没有跌倒	85	89.5
过去31~90天内有跌倒	8	8.4
未报告	2	2.1
口腔状况自评		
很差	10	10.5
差	10	10.5
一般	45	47.4
好	27	28.4
非常好	3	3.2
牙齿对生活的影响		
没有影响	49	51.6
很小影响	31	32.6
一般影响	11	11.6
较大影响	4	4.2
皮肤对生活的影响		
没有影响	72	75.8
很小影响	21	22.1
一般影响	2	2.1

三、老年人的精神健康

从认知情况、抑郁和孤独情况来检视社区老年人的精神健康状况（如

图 4.2 和表 4.5 所示），76%的老年人能理解，15%的老年人通常能理解，9%的老年人时常能理解，可见受访的老年人的认知健康良好。精神健康方面，有 6.3%的老人有抑郁表征，需加强关注。

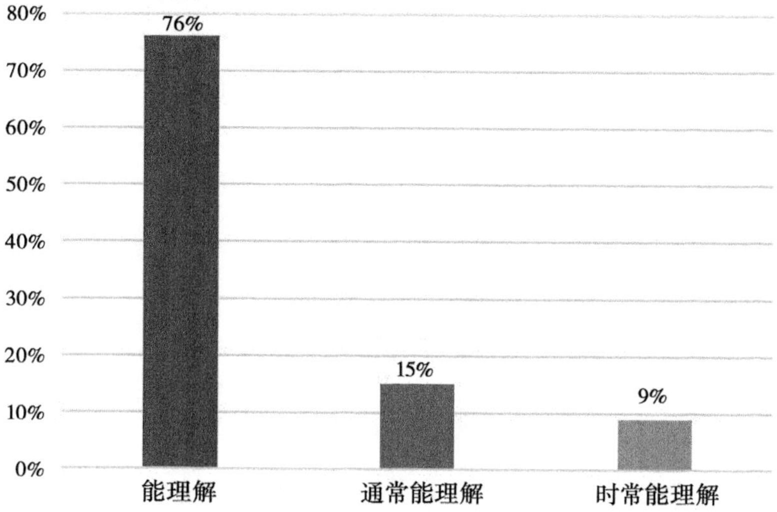

图 4.2　认知情况

表 4.5　精神健康情况

变量	人数	百分比（%）
抑郁情况		
无抑郁状况	88	92.6
有抑郁状况	6	6.3
未报告	1	1.1
孤独情况		
没有发生	78	82.1
有时发生	16	16.8
超过一半时间	1	1.1

四、老年人的社会健康（非正式照顾他人的情况、志愿服务、社交支持）

在对他人的照顾情况方面，35%的受访者照顾孙子女，26%照顾配偶，22%照顾子女，13%照顾父母；形式有情感支持（45%）、临时需求（24%）、日常起居（22%）、一般外出（9%）。详见图4.3、图4.4。

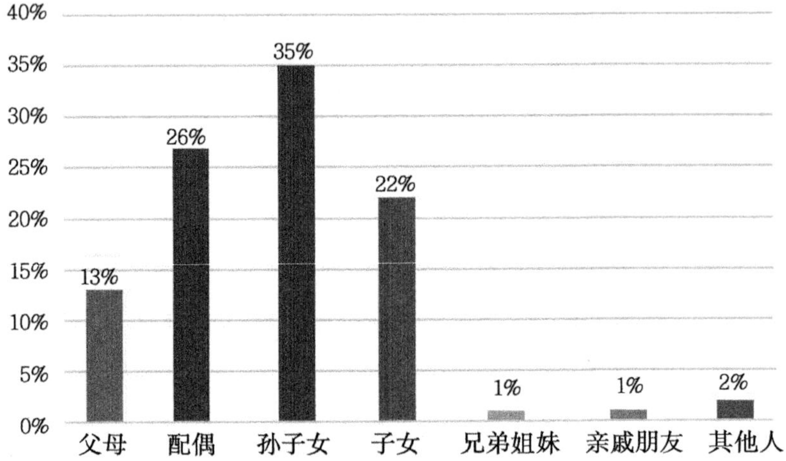

图4.3　照顾他人的情况

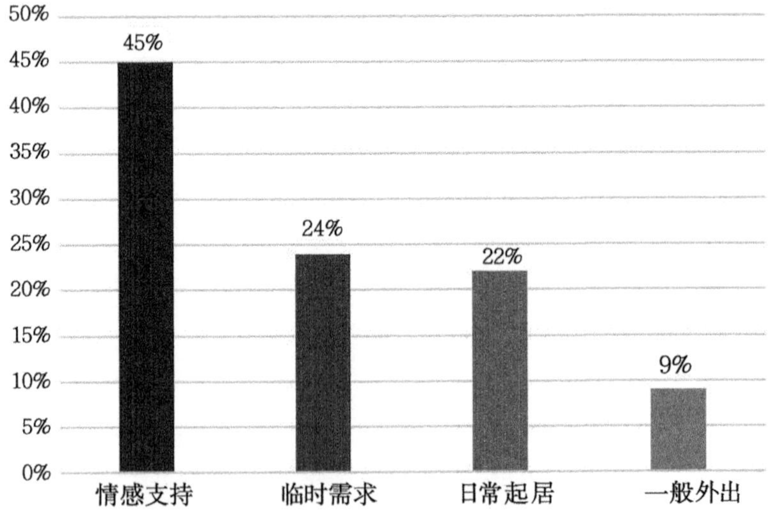

图4.4　过去三个月非正式支持的形式

参加志愿活动最多通过社区服务中心（16.8%），其次是老年协会（4.2%）、工会（2.1%），可见参加的人数有待动员和挖掘。志愿活动的类型中，邻里互助占5.3%，社区清洁占2.1%，其他服务占94.7%，集中在社区家综的志愿服务、探访、活动协助、文艺表演。详见图4.5、图4.6。

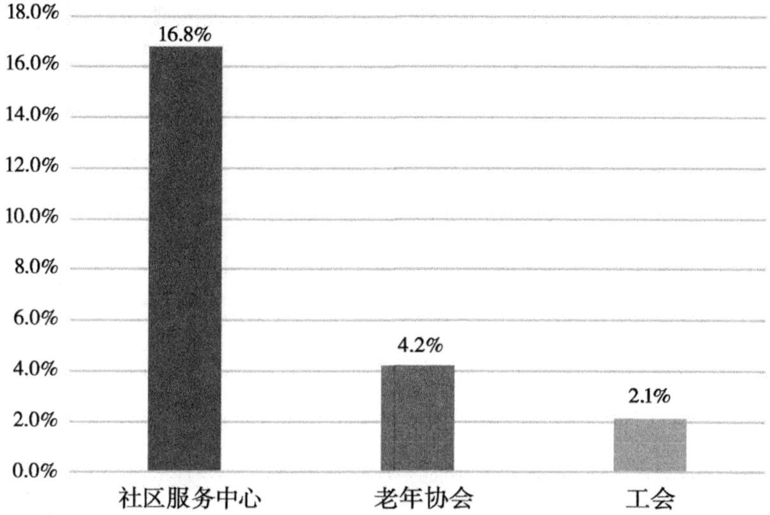

图4.5　参加各志愿单位活动的情况

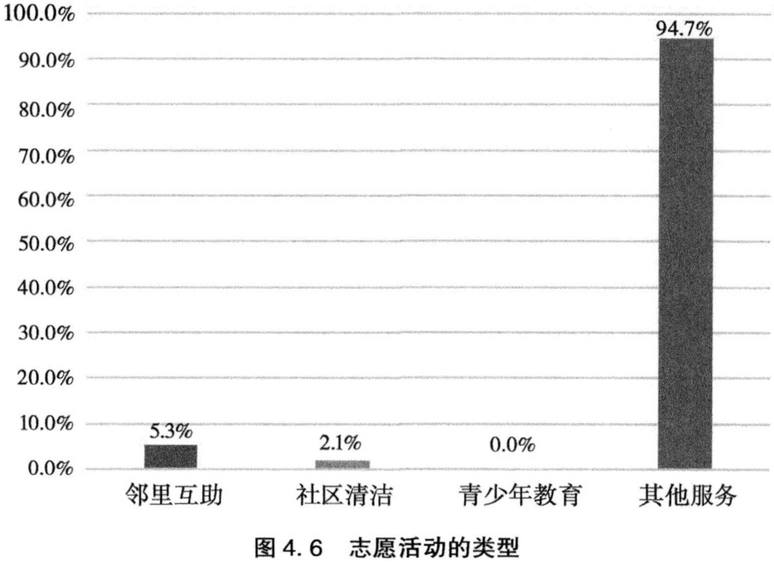

图4.6　志愿活动的类型

社交支持方面，老年人会从家人和朋友身上得到主要的社交支援，主要形式有聊心里话、平时交流、寻求帮助等。总体而言，32.6%的老人从家人当中获得较少的支持；31.6%的老人从家人当中获得中等程度的支持；31.6%的老人从家人当中获得较高的支持（详见表4.6）。

表4.6　社交支持程度

程度	频率	百分比（%）
低	31	32.6
中等	30	31.6
高	30	31.6
缺失	4	4.2

五、环境安全

从样本来看，有一半以上的受访老人居住在自建住宅，1/3左右的受访老人居住在普通商品房（详见表4.7）。

表4.7　社区环境类型

变量	频率	百分比（%）
社区环境		
机关事业单位住宅区	2	2.1
未改造的老城区	5	5.3
自建住宅	49	51.6
经济适用房小区	4	4.2
普通商品房小区	29	30.5
其他：出租房	3	3.2
未报告	3	3.2

在对目前的居家生活是否安全的自评中，认为很不安全、安全、很安全的比例分别占1%、65.6%和30.2%（见图4.7）。

对居住情况的满意度（见图4.8），认为很不满意的有2人，占2.1%；

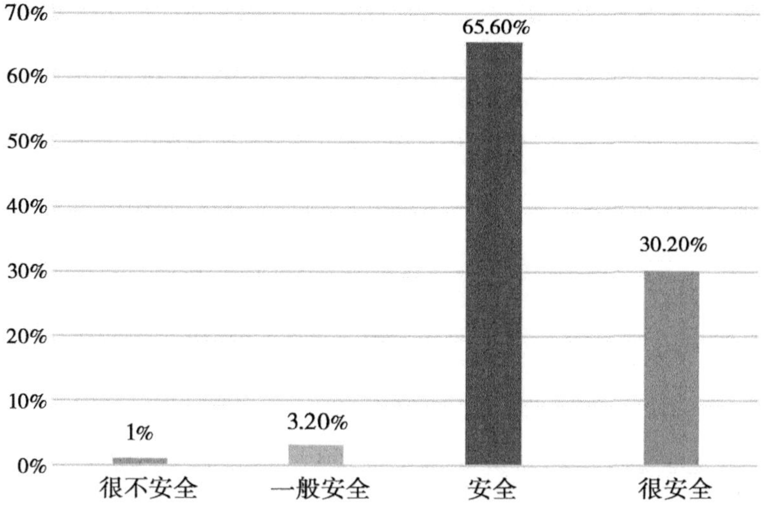

图 4.7　居家安全情况自评

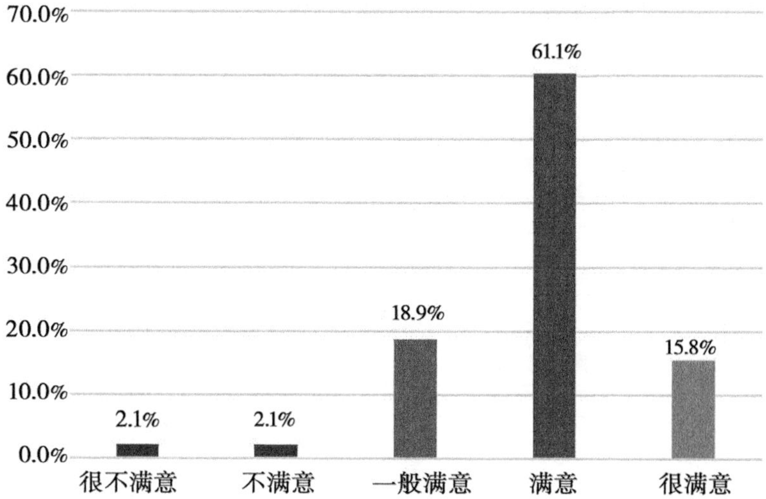

图 4.8　居住情况的满意度

不满意的有 2 人，占 2.1%；一般满意的有 18 人，占 18.9%；满意的有 58 人，占 61.1%；很满意的有 15 人，占 15.8%。

六、收入和服务使用情况

老年人的收入情况、收入来源、服务使用情况都是用来检视老年人社会生活保障的重要指标。在受访老人中，收入在5001元以上的占11%，不足1500元的占25%，3001~5000元的占29%，1500~3000元的占35%。收入情况见图4.9，收入的来源分布详见表4.8。

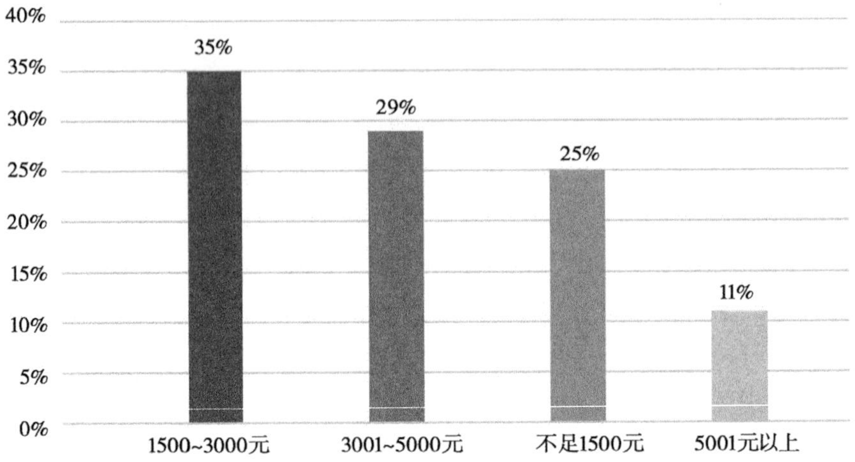

图4.9 收入情况

表4.8 收入来源分布

变量	数量	百分比（%）
收入情况（以下收入来源为多选，故数据和百分比有重叠计算）		
城乡基本养老保险金	41	43.2
工作收入	14	14.7
城乡无社会保障老年居家养老金	15	15.8
股份分红	22	23.2
养老服务补贴	0	0
务农	4	4.2
老人金	19	20
最低生活保障金	6	6.3
证券交易收入	6	6.3
房屋出租	16	16.8
家人及亲友资助	30	31.6
商业保险	6	6.3

分析服务的使用情况可知，接受社综服务的占 28.4%，接受老年活动中心和星光老人之家服务的均占 8.4%，接受长者居家养老服务站服务的占 4.2%，可见服务单位多样分布（详见图 4.10）。

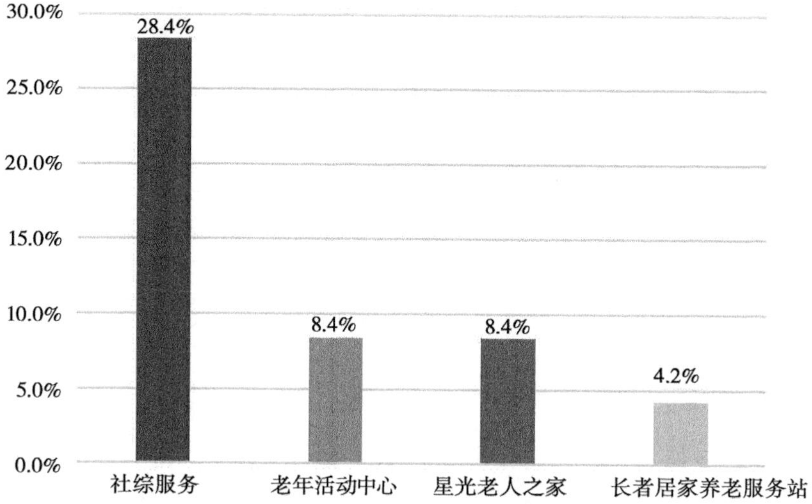

图 4.10　使用过不同服务单位服务的情况（%）

分开来看，使用社区综合服务中心服务的人数最多。调查中，有 37 人参与对社综服务的满意度评价，16 人参与对星光老人之家的满意度评价，11 人参与对居家养老服务满意度的评价。结果如表 4.9 所示。

表 4.9　对社区养老服务机构的满意度

变量	频率	百分比（%）
社综满意度（37/95）		
很不满意	2	2.1
不满意	6	6.3
一般	2	2.1
满意	12	12.6
很满意	15	15.8
星光老人之家满意度（16/95）		
很不满意	2	2.1

续表

变量	频率	百分比（%）
不满意	6	6.3
满意	3	3.2
很满意	5	5.3
居家养老服务满意度（11/95）		
很不满意	1	1.1
不满意	6	6.3
很满意	4	4.2

七、总体评价和照顾情况

共有 92 位老年人回答了健康状况改变的调查，认为目前的健康状况和一年前相比变差了的有 22 人，占 23.9%；认为不变或者变好的有 70 人，占 76.1%（见图 4.11）。

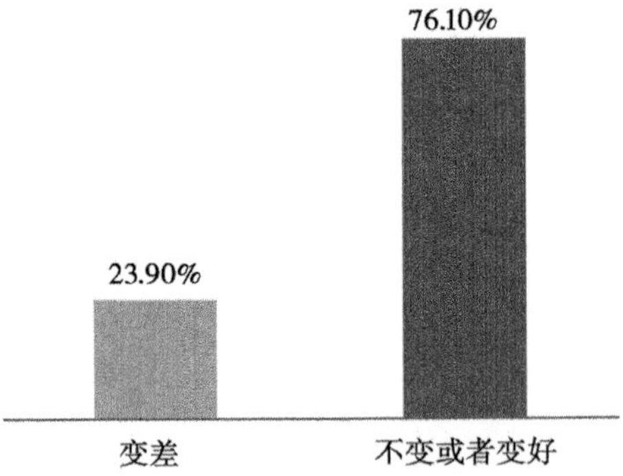

图 4.11　健康变化

自评健康的结果中，觉得“差”的极少（2%），“一般”和“好”占了绝大部分（40%、56%），“很好”只占 2%（见图 4.12）。

自评收入情况方面，非常不够用占 10.4%，不够用占 24.2%，刚刚好够用占 27.4%，够用占 28.4%，非常够用占 9.5%（见图 4.13）。

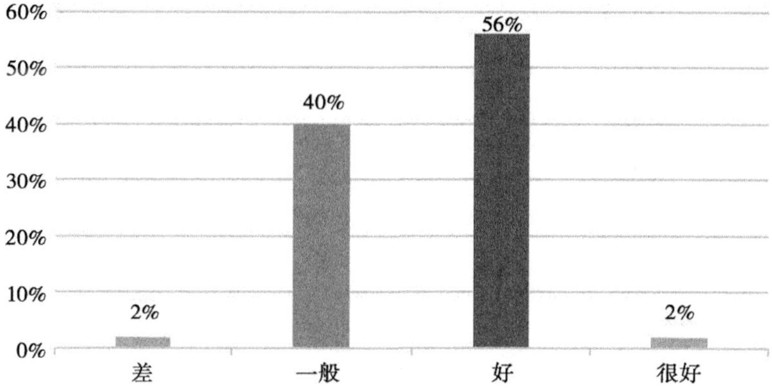

图 4.12 自评健康

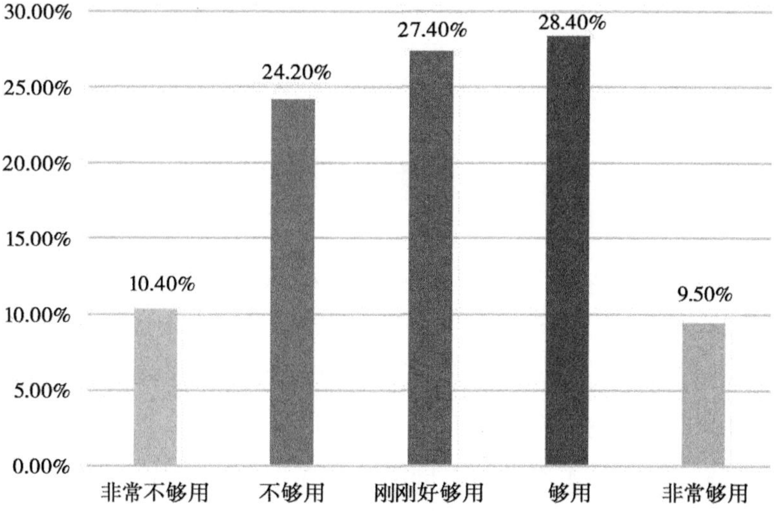

图 4.13 自评收入

共有27位（样本总量=95）需要照顾者协助。给予受访老人最多照顾者的分布情况如图4.14所示：依靠自己的占66%，依靠配偶的占18%，依靠子女的占9%。

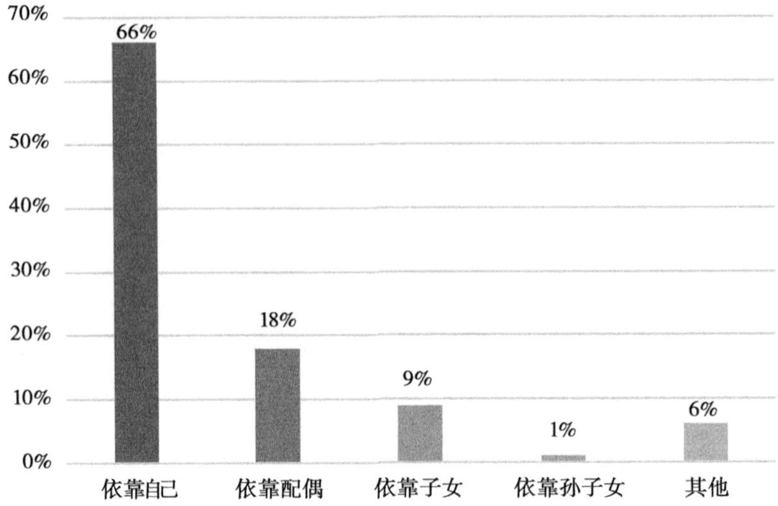

图 4.14　给予受访老人最多照顾者的分布情况

第三节　服务需求解读

本项目成功访问了 95 位在广州市番禺区三个社区居住的老人，以标准需求和相对需求为关注点，用实证调查的数据解读老年人的综合需求。在解读需求的时候，关注以下要点：第一，标准需求以调查结果，特别是标准量表的结果为依据。在本项目的主表中运用的标准量表包括：健康自评、抑郁倾向以及家庭和朋友支持网络。在副表中运用的标准量表包括：简易精神状态问卷、家居环境安全评估、日常生活活动和功能性活动能力、老年医学抑郁量表、疼痛量表以及口腔与皮肤健康。由于成功访问的 95 位社区长者中只有 1 位有需要填写附表，所以我们的解读是在受访的 95 位社区老人中，对认知、家居环境、功能性健康、抑郁、疼痛、口腔和皮肤等问题的标准化需求较低。第二，总体需求是通过总结所有评估范畴来确认高危因素。也就是说，在总体上判断具有某种特征的人群会比不具有这些特征的人群更有可能正在体验低生活品质。换句话说，这些高危人群有“标准意义”或者“相对意义”上的需求。就本项目的评估结果，可以用以下表格来总结（见表 4.10）。

表 4.10　老年人服务需求评估结果

	可能的高危因素（需要服务）	占样本的比例（%）
人口信息	分居、离婚、丧偶	23.0
	未受过教育或者只上过幼儿园	12.5
	失业	16.8
	独居	3.2
经济范畴	收入不足	6.3~10.4
身体范畴	慢性病管理（颈椎/腰椎病、高血压、关节炎或者风湿）	20.0~30.5
	有三种或以上慢性病者	28.1
	日常功能照顾（交通工具、上下楼梯、购物、步行）	4.0~10.0（有困难） 60.0~80.0（有困难但是家里没有人可以帮助的比例）
	感知情况（视力、听力、牙齿、皮肤）	9.3~13.5
	疼痛	28.1
	跌倒	8.3
心理范畴	抑郁症状	5.3
	孤独	1.0
社会范畴	家庭支持少	31.3
	家居环境	3.0~4.2

综上所述，通过 95 个样本的数据分析可以看到，部分老年人在经济、身体、心理和社会范畴方面有需求，可以成为目前服务检视和未来服务发展方向的参考。在今后的实际服务中，建议进一步论证此次研究显现的需求，在实际中再一次检验我们的发现，不断优化，更好地为在地的老年人服务。

精准的需求定位是优质服务最关键的开始。本章内容是十分详细、全面的老年人社区服务需求研究案例，众读者可以参照此案例在自己的服务区域内开展需求研究，本书末尾附上了研究中涉及的研究工具和量表。

第五章　老龄友善服务发展战略

前四章内容在描述项目背景的基础上，拟定了项目的理念和目标，并制定了项目的三大行动策略。然后，叙述了项目运用领导力概念的依据、项目的逻辑过程，并总结了依托项目而构建的实证研究模式。接着，项目依托首席研究员在我国香港地区发展的老年社会工作核心能力的概念和评估模型，制订了在地化的、以培力为原则、以参与为特质的“老龄友善”培力计划，并就未来机构建设老年服务能力提出了理论和实践框架。能力建设与需求评估是建立老龄友好社区的“双驾马车”，因此，该项目在需求评估方面，运用抽样调查的方法，引入老年人综合评估的框架，培育社会工作者掌握老年人综合评估的范畴和方法，理论结合实际，让每一个社会工作者都进行实际操作。访问老年人，最终成功收集95份有效问卷。单项和综合分析发现，老年人在经济、身体、心理和社会范畴方面具体的需求。

这些成果为正阳作为一个在地的社区服务机构在番禺区后续的发展，特别是发展推动建设老年友好型社区服务提出了三个可供参考的战略方向。首先，根据对受访老年人需求评估的总结以及在理论上的分析，我们提出精准定位的战略，分别在“9064”① 的三个层级提出精准的服务目标；其次，我们坚信培育了社会工作者的老龄友好能力后，要进一步加强品牌建设，建议从机构整体品牌、社会工作服务品牌和医养结合品牌三方面入手；最后，我们相信正阳社工的影响力，故此提出推动领导力的第三个策

① “9064”是《广州市人民政府关于加快养老服务业综合改革的实施意见》中关于养老服务体系的发展框架和目标，即健康老化（90%）、社区养老（6%）、机构养老（4%）的人口比例。

略：从机构、专业和持份者三个层面，助力正阳机构在地区和社会服务领域迈向建设老年友好型社区的机构“领头羊”。

第一节　精准定位需求

从养老服务机构的角度来看，服务的顶层设计应在充分解读国家、地方和区县的政策后，回应政策，落实服务。从老年社会工作者的角度来看，通过全面综合健康评估，对老年人的身心健康状况和社会活动习惯资料进行收集分析，依次对老年人的服务需求进行“画像”，匹配相应的服务。在目前碎片化的社区长者服务中，项目组根据“9064”养老服务体系规划，设计社区老年服务金字塔（见图 5. 1)，配套老年人在地有意义的健康养老，共建友好型老年社区。

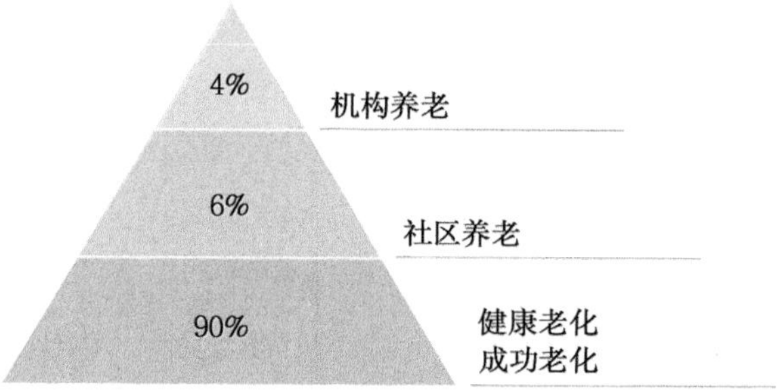

图 5. 1　“9064”养老服务体系

对于 90%健康的老人，核心在于“健康老化和成功老化”。我们建议，社会工作者的服务重点在于“协同”——协同老人组织自治活动，志愿服务能力建设，社区社交支持网络的搭建，推动“老有所为”“老有所学”；协同社区医疗、文体、老龄部门，整合资源，协同服务。在正阳开展的高阶培训中可以了解到，正阳不同服务单位的同工都开展了老年义工的培育，设计了推动老年人参与社区活动及社会服务的项目计划，这为实现 90%老年人的社区服务目标打下了坚实的基础。建议未来能在机构层面发展出招募，制定出组织和培育义工的清晰指引，更好地推动建立老年人在社区自主、互助的文化和服务体系。

对于6%的有社区照顾需要的老人而言，核心在于“社区养老”。我们建议，社会工作者的服务重点放在“照顾者计划”和情绪支持，支持有需要的家庭系统，做好临界高危老人的家庭预防和风险控制工作，并科学地降低疾病和照顾负担，缓解照顾压力，提升照顾能力。针对有抑郁和孤独倾向的少部分老年人，建议发展专业服务。同时，配合街道和房屋管理部门，链接资源给经济或者房屋困难人群，配合社区医疗，就慢性病管理、疼痛、跌倒等配合健康教育和干预。正阳的每一个团队都有针对特殊人群（孤寡、残疾、独居，80岁或者以上）的服务计划，我们建议在已有服务中强化社会工作者的专业干预设计，特别是情绪支持（例如：抑郁、焦虑等）以及照顾者计划。在高阶培训中，参与培训的单位提出了4个照顾者支持计划，我们高兴地看到其中有一个单位已经开展了项目前期的准备工作，并会在不久的将来具体实施。从理论和我国香港地区的经验看，支持照顾者是在低保障国家或者地区（包括中国，中国是一个基本保障还在构建中的国家）实现小区养老的重中之重。目前中国有17个长期照顾保险的试点，预期不久的将来中国的长期照顾保险将会出台。因此，如果从现在开始发展社区为本的照顾者服务，必定会在适当的时候最优化地服务社区老年人。

对于4%的高风险老人，虽然未能在实地调查中接触他们，但是他们在服务发展中是不可缺少的部分，所以基于理论思考，我们提出服务高风险老年人的核心在于“平衡生活质量与照顾质量”。如果要开拓服务，社会工作者可以采用的服务策略是运用“个案管理”的手法，及时和有实效地对老人进行服务转介和资源链接，联动家庭、医疗、护理、康复、心理、娱乐等相关持份者资源，及时为老人建议解决方案、配备服务，并通过定期复检，检视服务成效，调整匹配不理想的服务。在高阶培训中，讲师团队向参与培训的正阳社工简要分享了个案管理的概念、原则和策略。

全美社会工作联合会（NASW）对个案管理的概念作了以下论述：个案管理指的是由社会工作专业人员为一群或某一服务对象统筹整合资源，提供协助服务的一个过程。过程中需沟通协调各个不同机构的工作人员，以团队合作的方式为服务对象提供其所需要的服务，以此达到扩大服务成效的目的。在这一过程中，个案管理主要发挥了协调与监督的功能。

在个案管理的过程中，应遵循以下原则：一是以最恰当、最有效的方式为服务对象提供服务；二是所提供的服务应符合老人或照料者的需求；三是尊重服务对象的选择；四是以实证为本的实践模型来指导服务；五是以提升服务使用者的生活及照护品质，促进其自我改进为主要目标；六是在连续性的服务过程中找准评估的切入点。

个案管理的过程会因不同的服务领域、服务对象呈现出不同的过程，Ballew 和 Mink（1996）总结了个案管理过程中基本的四大策略：

（1）链接。个案管理须帮助服务对象取得可运用的资源，将服务对象的需求与可能运用的资源链接，并克服在取得资源时所遇到的障碍。

（2）协商。协商的目的在于帮助服务对象与服务提供者进行交涉，并提升两者之间的配合程度。

（3）倡导。当外部环境因为某些因素对服务对象造成威胁或资源有所保留而不提供出来时，个案管理者须以服务对象的需求为出发点，替服务对象向个人或者组织发声，以保障服务对象必要的权利，使其获得应有的资源及服务。

（4）整合。当联系工作完成后，个案管理者还须负责监督并确保服务对象能够持续地获得资源，并随时查看资源是否有效地被服务对象运用。从一般意义上说，老年人的生理健康、认知精神健康、社会交往等方面的改变是相互影响和动态的，随着年龄的增长，在金字塔的服务需求也向上流动。精准设计的社区老年服务就是为了减缓功能性退化，监控高危风险，让老人们尽可能地留在熟悉的、友好的社区安度晚年。不过，有先天残疾的老人未列入本项目中进行讨论。

以“9064”养老服务金字塔为模板，结合上述服务设计建议，本项目对正阳社会工作机构现有的老年服务进行了梳理，由此绘出“正阳养老服务菜单”，如图 5.2 所示。

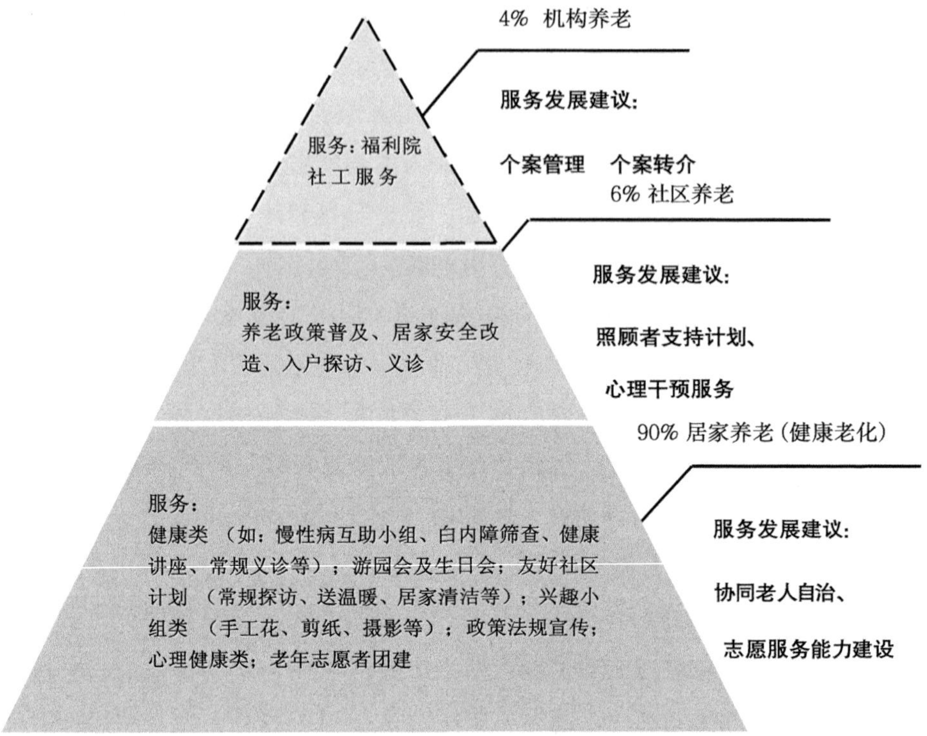

图 5.2 正阳养老服务菜单

第二节 加强品牌建设

社区居住的老年人需求非常多样化，一来与年龄有关，60 岁的老人与百岁老人的需求肯定不同，开始丧失自理能力的老年人往往有多重需求，所以社会工作服务的精细化发展是必然之路。因此，建立机构品牌是培育机构能力后的必然策略。如果不抓住时机，建立机构社会工作的服务品质，社会工作者容易在社区层面成为“不管部部长”，好像什么事情都与社会工作者有关，什么人的需要都要社会工作者去关心。这样的结果是“什么都想做，但是哪样都不拿手”，不仅不能精准满足社区老年人的需要，而且影响年轻社会工作者的工作激情，不利于持续提升社会工作的专业性。相反，如果机构从领导到一线的社会工作者都有清晰的服务发展定位，都致力于创建好社会工作的专业品牌服务，相信能起到事半功倍的效果。

一、机构品牌建立

品牌建设从机构层面开始，由内核到外延有机地梳理并推广。首先，项目组在实施过程中走访了正阳所属的服务网点，发现不同服务网点在对老年服务的使命、愿景、价值等方面的认识未尽一致，这与正阳并非老年服务专项单位有关。就正阳在社区老年服务方面的领导力持续发挥，我们建议在机构层面将正阳老年服务的使命、愿景、价值和目标尽可能统一，并在各服务网点统一发布，让每一个社会工作者、服务使用者、社区持份者等都接受同一个信息，强化机构在推动“老龄友善社区”建设中的领导者地位。其次，在内部沟通和对外宣传推广方面，做到行动一致。例如，各个社区服务中心的养老服务有统一和定期的宣传推广刊物，各分支团队与总部养老专项组定期召开联席会议，成为总部基地专项服务的各个分点。将同类型的服务合并，创建各分支社群服务体系。在各级宣传策略中，除了机构 Logo，还要有统一的类别分属于机构的某一分支体系，再细分活动。最后，在社区倡导的延伸层面，用统一的品牌联动社区持份者和社区资源，汇总到养老专项服务发展的使命和目标达成上，变资源为资本，带动品牌的迭代和优化。

二、社会工作专业品牌项目

老龄服务是一个跨专业的服务，传统意义上所跨专业涉及医学、护理学、康复学、心理学、法律、社会工作等，在老龄服务体系建设的最佳模式中，跨专业合作能发挥重要作用。在老年友好型社区的框架下，跨专业的范畴就更为广泛，包括城市规划、建筑、社区管理、物业管理、就业服务、社会保障等，可以说需联动合作大多数与人或者家庭相关的专业。不过，正阳作为一个以社会工作者为主要员工队伍的社区机构，相信要立足于社会工作的本位，即“社会工作一般指由掌握专业化的科学知识、方法与技能的职业社会工作者，通过为社会成员提供专业化社会服务以及相关的福利保障，调整社会关系，促进社会稳定发展的一项专门事业和一门学科”。在老龄服务方面，正阳社工从老年人的心理健康和社会健康出发，在义工发展、照顾者支持、心理健康干预和个案管理方面下了很大功夫。

从社会层面来说，“十三五”规划的一个重要指标是促进老年人参与社区义务工作。由于本次调查样本的局限性，较难估计目前番禺区老年人参与义务工作的参与率，但是从这个小样本的数据可以辨别出老年人中参与者和非参与者。增加老年人参与社区义务工作的参与率，需要开拓老年人参与义务工作的有效干预手法和激励机制，带动更多过去没有参与的老年人参与义务工作。由于中国社会文化的特征，在改革开放前，义务工作的概念和实践都欠发展。虽然改革开放三十多年以来义务工作在社区有一定发展，但仍有很大的服务空间，需要激励老年人参与义务工作。针对已经参与义务工作的老年人，社会工作者的功能就转化为扶持义工持续服务社区，管理义工团队，调节可能出现的矛盾，以及探索如何最大化地发挥义务工作者在建设老年友好型社区中的作用。

调查数据显示，从社会活动中照顾他人的情况来看，照顾配偶的情况占26%，照顾父母的情况占13%，照顾子女的情况占22%，照顾孙子女的情况占35%，因此建议在“照顾者计划”中加强品牌服务。例如，在照顾认知障碍的老人时，要考虑劳损、老年病的基本知识以及认知障碍症等的照顾方式。我国香港地区于2011年到2014年实行了“脑伴同行”计划，帮助患者家人保持心理健康，提升对患者的照顾水平；在照顾孙子女时，要特别考虑三代教育关系和教育理念，例如香港仔坊会联合赛马会慈善信托基金、香港大学秀圃老年研究中心于2013年推行的“跨龄同游”项目，致力于改善代际观念和关系，该项目从2016年起开展新一期3年实证研究。这些都需要系统、完善的项目设计和配套的能力建设。根据本项目的调查结果，正阳社工在社会健康范畴可以考虑发展以支持照顾者为主轴的品牌项目，因为有相当数量的社区老年人参与不同的家庭照顾服务，有共同的需要，但是照顾不同的家人，例如孙子女、父母、配偶、子女又有不同的侧重点，可以在照顾者支持的主轴下发展更有特色的专项服务。其中需要着重关注担当多重照顾角色的照顾者，这些照顾者可能会因为参与繁重的照顾工作而无暇顾及自己的健康，没有时间社交和放松，少数个案更有陷入绝境的可能。在人口老化急速发展的未来二三十年，如何持续支持家庭为家人提供照顾，这不仅是个人和家庭的议题，还是社会的议题。试想，如果家人无力照顾或者不愿意照顾，那么谁来提供照顾呢？政府的介入可能无法避免，所以建议未雨绸缪，提前准备，发展支援家庭照顾者的服务品牌。

作为以社会工作为主的服务单位，正阳社工在有条件时发展临床服务品牌。本项目的调查发现，虽然大部分老年人的认知和心理健康状况良好，但有5.3%的老年人可能有抑郁症状。世界卫生组织的报告指出，抑郁和老年痴呆是影响老年人心理健康的两大重点，在老年人口绝对值庞大的中国，要关注这两大老年人的心理健康议题，必须从社区入手，及早发现，及早关注，链接资源，持续支援有需要的个人和家庭。我们建议尝试“个案经理人”（case manager）计划，为每一个出现抑郁症状或者认知能力衰退的家庭建立家庭档案。虽然老年人的疾病情况在社区卫生站已经有记录，但从国际经验看，卫生和医疗系统往往只关注疾病本身，症状、诊断、用药、入院、出院等病人的其他情况，包括病人的家庭情况一般较少关注。因此，在社区社会工作服务单位建立这些高危老年人的家庭档案，不但能从支援病人接受疾病、及早干预方面提供支援，还能在适当的时间提供有效的心理干预，提升病人和家人的生活质量。同时，个案经理制度还能有效地帮助这些老年人规划与疾病共生的晚年生活，联动社区资源，让老年人所在的社区居住更加友好，出行更加方便；对有较高风险的老人及时跟进或转介。由华盛顿大学精神与行为健康中心研发并在全美国推行的IMPACT模型（Improving Mood—Promoting Access To Collaborative Treatment）用于抑郁协同照护。在社区实行的为老年痴呆病人家属提供的支援服务“脑伴同行”（Cheung et al.，2015）也有个案经理的样式，值得参考①。

① 详见香港仁爱堂欧雪明“脑伴同行”中心，http：//www. clareaaueldergarten. yot. org. hk/service. php.

三、机构协同的品牌项目

社会工作者由于专业知识所限，无法直接提供医护方面的服务，但是其在小区中掌握的老年人健康需求不容忽视。从本项目小样本的调查中可以发现，老年人的健康议题值得关注，包括慢性病（例如肩颈/腰椎疾病30.5%、高血压28.4%和关节炎/风湿病20%）、跌倒（老人家的跌倒率达8.3%）、疼痛（28.1%，平均疼痛的级数达4.3）。在自评“一年内健康变化”时，23.9%的老年人报告自身健康转差。那么社会工作者可以从哪些方面来设计服务呢？考虑到正阳社会工作者以社会工作专业学历背景为主，少数有心理学和社区背景，从策略上看，如果要专项发展品牌健康服务，要在人力资源方面作适当的调整，引入有护理背景和公共卫生背景的社会工作者。在目前的人力资源框架下，我们建议运用整合资源的逻辑，发展老年社会工作服务中“协同式”健康服务品牌。

在发展“协同式”的健康服务品牌时，要明确社会工作者的角色。社会工作者在协同式服务模式中的角色不是直接提供健康服务，而是协同社区卫生健康部门，统合资源，配合服务场地，跟进老年人的接受情况，并及时反馈等。例如，在患者的慢性病自我管理方面，斯坦福大学医学院推出的慢性病自我管理项目，以系列工作坊的方式在社区推行，颇见成效。我国香港地区也从2014年起，开展了相关的“协同式”健康服务品牌。香港医管局在三个区（观塘、黄大仙、屯门）试点，推出普通门诊公私营协作计划，让病人可以接受社区内私营基层医疗服务。在计划中，每名病人每年可享受10次资助门诊服务，包括诊治慢性疾病（如高血压、糖尿病、高血脂）和偶发性疾病，在私家医生诊所获得治理其慢性疾病病情及偶发性疾病的药物，以及经私家医生转介，接受由医管局提供特定的相关化验和X光检查服务。参加计划的病人每次就诊只需缴付普通科门诊服务的收费50港元。领取综合社会保障援助（综援）或持有有效医疗费用（全费或部分费用）减免证明书的人士，可获得与使用医管局服务相同的费用减免安排。社会工作者在这个项目中的协调角色是在小区内向老年人宣传，帮助提供正确的信息，并在有需要的时候帮助申领社会保障。该计划由 2016/2017 年分阶段扩大计划范围，三年内覆盖全港 18 个区。2017 年，由赛马会慈善基金资助，在社区老人中心设立电子医疗信息采集中心，采集的老年人的血压、脉搏等信息会定时上传至监控中心，由小区服务机构聘请的护士负责监控，一旦发现异常，会直接致电老年人，适当安排最及时跟进①。通过以上论述不难看出，老年人慢性病的照料与康复是一个长期且需要多方面医疗资源相互协作的过程。医疗、社区以及社会关系资源的调配，需要社会工作者发挥创意性、协同性的作用，可以借由以上服务项目，意识到社会工作者在老年慢性病服务项目中的协同作用。

第三节　持续发挥影响力

在项目实施的短短 12 个月的过程中，项目已经显示出了对老年社会工作行业的影响力，项目的成功经验已经在国际、国内的专业团体和研究者中获得了认同，正阳的能力培育成功对接了秀圃老年研究中心和招商局慈善基金会的合作项目（详见表 5.1）。项目拟出版“建设老龄友好城市（社区）实用手册”，将会是首个集理论与实践于一体的专业服务手册，能指导未来老龄社区服务的开拓和发展。

表 5.1　项目的社会和专业影响力

时间	事件	主要负责人
2016. 6. 14	“中加老龄友好社区建设”国际研讨会分享	邓红兵
2016. 6. 20	出席珠海市金湾区社会创新谷开园	邓红兵、廖焕标、何志娟
	加盟金湾公益资源交易中心战略合作伙伴	邓红兵、廖焕标、何志娟
2016. 6. 21	广州公益人年会分会场主题分享： 中国老龄化与养老可持续发展	廖焕标、何志娟

① 详见香港医管局公私营协作计划，https：//www3. ha. org. hk/ppp/homepage. aspx.

续表

时间	事件	主要负责人
2016. 6. 28	Professor Mui @ 珠海“居家养老及创新社工项目：国际视野”（内地项目推介）	何志娟
2016. 6. 29	Professor Mui @ 佛山顺德“居家养老及创新社工项目：国际视野”（内地项目推介）	何志娟、郝耀
2016. 9. 1	主题分享：新农村背景下，社区养老服务初探——以番禺正阳×香港大学秀圃养老研究中心“建设中国城市老年友好型社区”初探项目	何志娟
2016. 12. 6	招商局接洽会	楼玮群、邓红兵、郝耀、廖焕标、何志娟、王泠霏
2016. 12. 15	正阳五周年：长者专项服务领域沙龙	何志娟
2017. 1. 22	香港会展中心：香港大学秀圃老年研究中心 & 广州正阳合作项目展示	楼玮群、何志娟

在机构进行了精准的目标定位，对建设核心及跨专业品牌做好充分准备后，此时需着手培育更高层次的机构领导力，提升机构在专业领域的持续影响力。本项目需求调研的结果为服务的定位提供了更加精准的实证依据，使得机构可以根据长者的需求，提供准确的服务。项目的培力课程有效地提升了社会工作者的社会工作能力及素养，并强化了专业品牌的逻辑方向。对于机构在专业领域的影响力提升，我们建议细化核心发展指标，聚焦需求，提升绩效。基于《老年社会工作服务指南》提出的服务战略发展的五大核心指标（详见表 1. 2），我们进一步细化了核心指标的描述，希望让组织的所有持份者都可以对服务宗旨、内容、方法、人员要求、服务流程和服务管理的评价有清晰的认识，强化组织与外界其他持份者的沟通（见表 5. 2）。

表 5.2　服务战略发展的核心指标

核心指标（KPI）	机构层面	个人层面
1. 使命、愿景、价值观	1.1 正阳致力于运用社会工作的专业服务推动建设老龄友好型社区，推动实现老有所养、老有所医、老有所为、老有所学、老有所乐 1.2 遵循独立、参与、照顾、自我实现、尊严的原则，促进老年人自身和家庭的角色转换及社会适应，协同社区资源增强老年人的社会支持网络，提升其晚年的生活和生命质量	1.3 机构工作人员、社会工作者认同机构的使命、愿景与价值观 1.4 机构社会工作者能够以机构的使命、愿景、价值观为指导，制订服务计划
2. 组织定位	2.1 服务定位：社区为基础，以推动老年友好型社区为本的社会工作专业服务单位 2.2 评估平台：致力于发展和推动适合社区老年人的综合评估指标体系，为社区老年人提供以综合评估为依据的专业和协同服务	2.3 机构不同层级的同工都需要明确机构的组织定位。在年度计划和总结中体现机构定位，在争取新资金、新项目时也充分体现机构定位
3. 人才梯队	3.1 能力发展平台：发展老龄友好培力课程，成为社区老年社会工作者专业发展的能力培育基地	3.2 核心能力体系七项指数：每一位社会工作者都在上岗 1 年内培育七大老年社会工作核心能力
4. 品牌服务	4.1 机构协同的间接服务：倡议社区就老年人疾病相关的服务建立协同式的服务平台，整合和协调社区的卫生和健康服务资源	4.2 社会工作者主导的直接服务：掌握与运用综合评估的知识和技巧服务老年人；掌握和运用协同服务的资源和合作模式；掌握和运用照顾者服务、抑郁症干预以及个案管理的方法开展精准的为老服务
5. 服务流程	5.1 实证为本的项目流程：建立标准化服务流程，嵌入实证研究的逻辑 5.2 服务对象为本的标准化个案流程：建立以接案、评估、服务匹配、服务提供和协同、评估和反馈、结案为基本的标准化流程	5.3 社会工作者能够熟练掌握标准化服务流程中每一个环节对应的相关专业技能，并具备相应的专业素养与思路 5.4 社会工作者在服务的开展中，能够很好地遵循与执行标准化的服务流程

续表

核心指标(KPI)	机构层面	个人层面
6. 监管机制	6.1 组织运营架构：清晰组织人员层级和各层级人员的角色和能力要求，定期反馈和评估 6.2 风险评估和指挥：定期评估组织风险，建立有效的风险管理机制	6.3 服务过程和结果评估绩效：设立组织内部或者外聘督导制度，统合个人业绩考核与组合目标 6.4 核心能力体系七项指数：建立循序渐进的能力培育机制，让每一位同工都掌握并运用专业和协同服务的知识和技巧

基于项目已经形成的影响力，如果能就核心指标达成共识，那么就可以遵循以下路径持续发挥正阳在老年社会工作方面的影响力（见图5.3）。

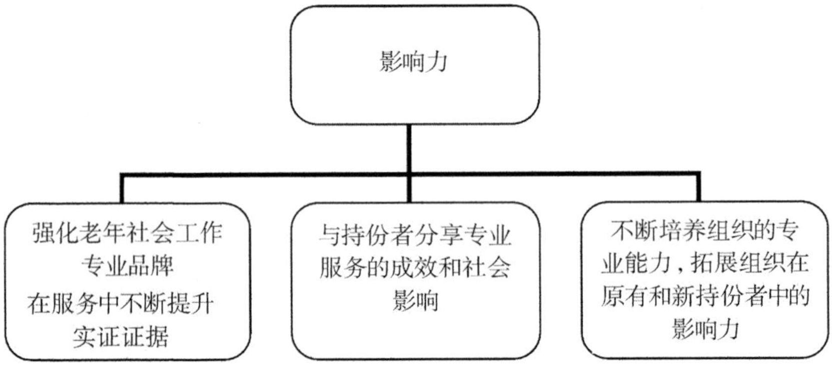

图5.3　机构影响力持续发挥路径

对机构而言，从总体使命、愿景、价值观出发，探索并发掘机构养老专项服务对应的“使命、愿景和价值观”；在此基础上确定“组织定位”，进行服务定位、评估训练和数据平台搭建；人才发展是根本，机构要在“人才梯队”的组建上下功夫，建议能力发展平台以“社工体系培训”为根基，以“照顾者计划”和“个案经理人计划”为特色培训，发展“品牌服务”项目。对于社会工作者个人而言，首先要认同机构和所在服务领域的使命、愿景和价值观，在职业发展中，以三层核心能力体系的七项指标为标杆，提升自身能力，并在过程评估和结果评估中完成绩效考评。相信通过以上策略的实施，正阳组织的影响力必定能得到进一步的持续发展，为更多社区带来老龄友好服务的新风，助力地区实现养老服务发展的目标。

第二卷

建设老年友好型城市（社区）实用手册及实践案例

分卷序

近年来，中国老龄化进程不断加快。2019 年末，中国 60 岁及以上老年人口达到 2.54 亿人，占总人口的 18.1%；65 岁及以上老年人口达到 1.76 亿人，占总人口的 12.6%。随着 20 世纪中期出生高峰的人口特别是第一代独生子女父母进入老年，中国人口老龄化进入了发展快、高龄化程度比重大的时期，同时各类新问题、老问题相互交织，使这种趋势带来的影响和冲击越发复杂。如何应对这些挑战已是箭在弦上、迫在眉睫。

国际老年学的趋势和经验告诉我们，单纯专注于改变老年人自身的观念、态度、行为已不能满足老人的全部需求，更不能科学有效地解决老龄化大潮带来的各类问题。社会工作一直注重“人是生活在环境中”，认为将改善老年人的生活环境和提升身心健康有机结合、双管齐下，才是解决问题的关键之策。一直以来，社区生活的空间环境设计未能够“老龄友好”；而伴随着老龄化进程的加快，社区环境和社区服务已不能满足未来占总人口 1/3 的老年人的生活需求。现实要求我们与时俱进，通过不断改造生活空间、改善生活环境、完善服务设施，让老年人能共享改革发展的红利、安度晚年。同时，这与老年社会工作“相信所有的老年人都应得一份有质量的晚年生活”的核心价值观也是契合的，这也是我们积极参与建设老年友好城市（社区）的初心所在。

知行合一，本次广州市番禺区正阳社会工作服务中心联合香港大学秀圃老年研究中心共同推动的“中国城市老年友好城市（社区）”实证项目初探，正是对老龄化社会寻求产—学—研—用的有机结合和协同共创。在一年的行动研究和创新实践中，项目组将理论融入实践，全盘规划，及时检视和反思，总结了工作经验，形成服务手册。

如果您是服务的组织者和标准建设者，我们希望通过本书（上卷），向您介绍养老政策和服务指南背景下的老年社会工作服务策略、老年社会工作的核心能力体系、老年友好型城市（社区）以及先进的老年友好型城市（社区）案例，让您更清晰地了解老年社会工作服务的宏观逻辑和发展方向。

如果您是服务提供者，我们亦希望通过本书（下卷）介绍老年社会工作中重要的工具技能、社区养老资源地图（以番禺区为例）、过往五年“广州正阳”养老服务总结，为您提升社区精准化的服务提供参考和支持，也为番禺区养老服务建设抛砖引玉、提供参考。

最后，这段“老龄友好建设的旅程”得以成文出版，我想衷心地感谢他们：感谢广州市番禺区正阳社会工作服务中心郝耀总干事、陈江仙女士等同人在执行实地调研、能力建设等工作中给予的大力支持和奉献，我们相互学习、共同成长。感谢香港大学秀圃老年研究中心楼玮群教授对老龄服务本土化的科学指导，对项目的整体规划提出宝贵建议。特别感谢和怀念本次项目的发起人兼技术顾问廖焕标先生，是他邀请我进入了本次项目。时光飞逝，廖先生就像一座灯塔，他展示了一名高素质的职业公益人对社会问题解决带来的影响力，为后人在公益路上乘风破浪带去希望。

深圳益响管理咨询服务有限公司高级顾问

何志娟

二〇二一年三月

第六章　老年友好型社区的建设

过去二十年，人口老龄化成为全球关注的焦点，各国都在制定应对策略，联合国也在寻求全球统一的应对策略，以此引导各国互相学习、交流，从而更加积极有效地应对人口老龄化的挑战。2002 年世界卫生组织发布了关于积极老龄化的政策文件，倡议各国制定政策，推动实现老年人在经济、政治和文化领域的全面参与。此项倡导在个人层面肯定了老年人参与社会的权利，同时确定了政策保障的理念。2006 年，世界卫生组织（WHO）本着既要推动个人全面参与，又要推动环境优化的理念，提出建设“老年友好型城市（社区）”的倡议，提出老年友好型城市应该具有以下特点：提供包容的、可接近的城市环境，可以促进积极老龄化，给老年人创造足够的机会以促进健康、公众参与和社会安全。

第一节　老年友好型社区建设的标准

2007 年，WHO 发布了《全球老年友好城市建设指南》，列出了建设老年友好城市需在硬件和软件 8 项特征指标上着力。这 8 项指标包括：户外空间和建筑、交通、住房、社会参与、尊老和社会包容、社区参与和就业、信息交流、社区支持和健康服务。在当时，老年友好型城市的基本标准是基于 WHO 在全球 22 个国家、33 个城市进行的老年友好型城市科研项目调研结果而建立的，其中包括中国上海。值得一提的是，上海地方标准《老年友好城市建设导则》于 2015 年 3 月正式对外发布，从 2015 年 6 月 1 日起实施，地方版标准在 WHO《全球老年友好城市建设指南》框架下，相应提出以下方面内容，包括为老年人提供安全便利的公共环境、方便公共交通出行、鼓励其积极参与社会活动、积极保护老年人的合法权益等。

一、老年友好型社区的核心标准

WHO 在发展和发布《全球老年友好城市建设指南》的过程中，充分运用了全面参与方法。全面参与方法是指应用于老年人的社会决策是通过分析和反映老年人自身的情况，从而影响政府政策。这种由联合国推荐的方法，主要是为了鼓励并促进老年人奉献社会、参与决策过程。因为老年人是他们自己生活中的权威专家，世界卫生组织和各伙伴城市也已经在该项目中发动并实现了老年人的全面参与。项目领导人就是要获得老年人的亲身感受：在老年人生活的城市中，其老年友好性的特点到底是什么？他们会遇到什么样的问题？在促进老年人健康、参与和安全方面城市还需做什么？

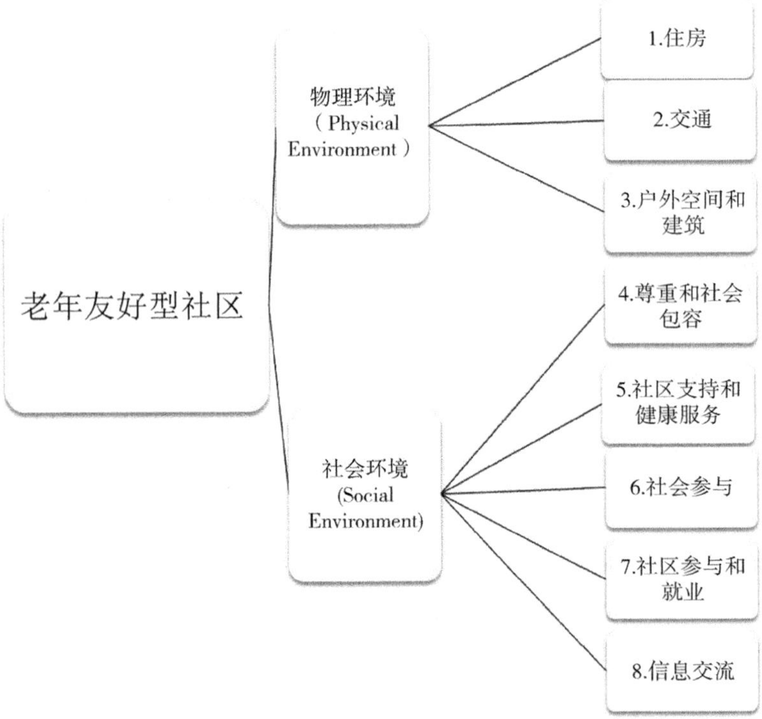

图 6.1　老年友好型社区核心指标

二、八大特征指标内涵

1. 住房

1.1 承受能力：

为所有老年人提供可承受的住所。

1.2 必需服务：

提供的必需服务，应在所有人的可承受范围之内。

1.3 房屋设计：

A. 住所选用适当的材料且结构合理。

B. 有足够的空间使老人活动自由。

C. 根据环境条件，采用适当的装备（如合适的空调或暖气设备）。

D. 适合老人的住所应拥有平坦的路面、足够轮椅通过的走廊以及设计合理的浴室、厕所和厨房。

1.4 房屋改建：

A. 对老年人的住所进行必要的改建。

B. 住所的改建是可承受的。

C. 相关设备是可用的。

D. 有为房屋改建提供的经济援助。

E. 对于如何改造成满足老人需求的房屋有一个恰当的理解。

1.5 房屋维护：

A. 维护费用对于老年人来说是支付得起的。

B. 有合格的和可靠的服务提供者从事维护工作。

C. 政府提供的民众房屋、租用住所及公共区域得到很好的维护。

1.6 老年适宜性：

A. 房屋建在离服务和设施近的地方。

B. 有可承受的服务提供给老人使得他们可以在家中安度晚年。

C. 老人们都很清楚地被告知了可供使用的服务，以帮助他们颐养天年。

D. 社交：房屋的设计应该方便老人们继续参与社交活动。

1.7 房屋选择：

A. 能提供经济适用的房屋供老人选择，尤其是脆弱或残疾的老年人。

B. 老人们都很清楚地被告知了可行的房屋选择。

C. 当地有充足的和可承受的房屋专门提供给老人。

D. 敬老院具备较好的环境，并为老人提供一些合适的服务以及相关活动。

E. 老人们的房屋与周围的社区和集体环境相融。

1.8 居住环境：

A. 住所不过分拥挤。

B. 老人在他们的居住环境中感觉舒适。

C. 住所不建在有可能遭受自然灾害的地方。

D. 老人在他们居住的环境中感觉安全。

E. 提供用于保障房屋安全措施的财政支持。

2. 交通

2.1 可支付性：

A. 所有的老人都能支付得起公共交通费用。

B. 按照公示的价格收取交通费用，没有违规收费。

2.2 可靠性和频次：

公共交通的安全和时间都应该是可靠的，即使在晚上和周末，市民也能得到方便的交通服务。

2.3 目的地：

A. 公共交通路线的安排应该考虑老年人常去的地方，比如医院、保健中心、公园、购物中心、银行和咨询中心。

B. 所有的地区都应该安排充足的而且是直达的交通路线，方便老人到达市郊和相邻的城市。

C. 各交通站点之间有直达的公共交通工具。

2.4 老年友好的交通工具：

A. 交通工具是方便出入的，上下车的门要低，台阶不能太高，椅子要宽敞不能太低。

B. 交通工具应保持清洁而且要常保养。

C. 交通工具要标明牌号和沿路各站点的名称。

2.5 专门性服务：

要专门为残疾人提供方便其行动的服务。

2.6 爱心座位：

公共交通服务应提供爱心座位，而且其他乘客应主动让座位给老年人和残疾人。

2.7 交通司机：

司机有礼貌，严格遵守交通规则，在指定的停靠点停车，在发动车之前要等老年人坐稳，停车时应紧靠站台，方便老年人上下车，从而保证老年人的人身安全。

2.8 安全性和舒适性：

A. 公共交通要严厉打击犯罪、保持交通畅通。

B. 公交站点：沿路公交站点应紧靠老年人的居住地，提供爱心座位和遮雨棚，而且要干净安全、灯光明亮。

C. 车站要方便出入，出入口处要有坡道、自动扶梯、电梯、高度合适的站台、公共厕所和醒目的路标。

D. 公交站点要设置在方便到达的地点。

E. 车站人员要待人礼貌周全、乐于助人。

2.9 信息：

A. 应该提供足够的信息教会老人怎样使用公共交通工具、让老人了解公共交通的服务范围。

B. 时间表清晰且很容易得到。

C. 时间表要清楚地标明残疾人可以搭乘的公交线路。

2.10 社区交通：

为老年人提供接送班车的社区交通服务，鼓励志愿者司机参与，以方便他们参加特殊的活动。

2.11 出租车：

A. 为低收入的老年人提供优惠或者津贴，使老年人可以支付得起交通费用。

B. 出租车应该舒适、方便出入，有足够的空间放置轮椅或拐杖。

C. 出租车司机应该有礼貌且乐于助人。

2.12 马路：

A. 马路应该定期保养、路面宽敞、光线充足。有设计合理的安全保护设施，十字路口有清晰的信号灯和标志，统一醒目的路标，下水道要安全地掩盖起来。

B. 合理控制车流。

C. 清除路面上所有妨碍司机视野的障碍物。

D. 严格执行交通规则，教育司机要遵守交通规则。

E. 司机的驾驶能力：向司机提供不断更新的驾驶课程促进其提升驾驶能力。

2.13 停车场：

A. 低价的停车场。

B. 距离居住地和车站近的停车场优先让给老年人。

C. 距离居住地和车站近的停车场优先让给残疾人，并且要做好监控工作。

D. 距离居住地近的临时上下停车位优先让给老年人和残疾人。

3. 户外空间和建筑

3.1 环境：

市容整洁，设立强制执行的条例限制噪声级别及公共场所难闻或有害气体的释放。

3.2 绿化带和走道：

A. 有安全的、维护良好的绿化带。提供随处可见的小亭子、卫生间和供人们休息的座椅。

B. 人行走在道上没有障碍物，路面平整，附近有公共厕所且易于到达。

3.3 户外休息区：

在室外尤其是公园、车站、公共场所，隔一定距离就应放置供人们休息的座椅；这些椅子要保持完好并时常检查以确保安全。

3.4 人行道：

A. 要常保养，路面平整、防滑、足够宽，有延续到马路上的低斜坡以方便轮椅的通行。

B. 人行道上没有障碍物（如小商贩、车辆、树、动物排泄物、积雪），行人具有优先使用权。

3.5 马路：

A. 有充足的防滑且规则排列的斑马线以确保行人过马路时的安全。

B. 马路应该有合理的物理结构规划，如交通岛、天桥、地下隧道来帮助行人穿过拥挤的马路。

C. 十字路口处的信号灯应有充足的时间来保证老年人从容通过，并且应同时具有视觉信号和听觉信号。

3.6 交通：

严格遵守交通规则，机动车司机要为行人让路。

3.7 自行车车道：

有单独的自行车车道。

3.8 安全性：

在所有开放场地或者室内，公共安全是要优先确保的问题。需采取一系列的措施来减少自然灾害的威胁。建立良好的街道照明系统，加强警察巡逻，强制执行相关法律，为社区和居民主动防护提供帮助。

3.9 服务：

A. 所提供服务应尽量集中于靠近老年人居住的地方，以方便老年人随时得到服务（如楼宇的第一层）。

B. 有专门针对老人安排的客户服务，如单独的队列或者服务柜台。

3.10 建筑物：

建筑物应方便出入，并具备下列设施：电梯，坡道，随处可见的指示牌，有扶手的楼梯，不高不陡的座椅，防滑地板，配备舒适座椅的休息区，数量足够的卫生间。

3.11 公共卫生间：

干净、维护良好、方便各种行动能力的老人到达，有明显的指示牌并方便老年人找寻。

4. 尊重和社会包容

4.1 尊老的内涵：

A. 政府（公众）应该详细讨论与老年人相关的社会问题，更加关注针对他们的服务，尤其在无偿性服务和商业性服务上。

B. 对于所提供的公共性与商业性服务和产品，要回应老年人的需求，并以其喜闻乐见的形式开展。

C. 培养训练有素、彬彬有礼的服务人员为老年人提供各种服务。

4.2 公众的尊老意识：

新闻媒体要多宣传一些老年人积极向上而非墨守成规的公众形象。

4.3 跨代和家庭交流：

A. 通过迎合不同年龄阶层人的需求和选择标准开展工作、吸引所有人参与活动，从而营造一个代际共融的社会大环境。

B. 老年人尤其需要家庭性的社区活动。

C. 通过定期举办多种涉及不同年龄阶层人的交流活动，使人们彼此互尊互爱，增进人们对老年人的了解，改善老年人的生活质量。

4.4 公众教育：

A. 在中小学课程中设立有关老年人的健康教育课。

B. 老年人能定期、主动地加入当地学校的各种活动中，和老师、学生进行交流。

C. 老人们可以和不同年龄的人分享他们的知识、经验和专长。

4.5 社区性因素：

A. 社区在作出有关老年人问题的决定时，老人们应该完全参与进去。

B. 老人们过去和现在的贡献应得到社区的认可。

C. 社区要充分发挥和巩固老年人的传帮带作用，鼓励老人充当社区的信息员、建议者、活动者和受益者。

4.6 经济性因素：

老年人的低收入不利于他们进行公共性、无偿性以及一些私人化的活动和服务。

5. 社区支持和健康服务

5.1 服务的可及性：

A. 卫生保健和社会服务在城市内均匀分布、交通便利，如有需要可乘坐各种交通工具及时到达。

B. 居住地的保健设施，都靠近服务中心和居民区，以便在大社区中的居民能够利用，如养老院和疗养院。

C. 服务设施要保证安全，并且能够让有残疾的人群充分使用。

D. 为老年人提供卫生保健和社会服务要及时、容易获得。

E. 提供个人服务时要协调社区相关机构。

F. 管理人员和服务人员对待老人要尊重和细心。

G. 有足够使用的墓地。

5.2 提供服务：

A. 为促进、保持和恢复健康提供足够的社区支持服务。

B. 提供的家庭护理服务包括卫生保健服务、个人生活自理和家政管理。

C. 所提供的卫生保健和社会服务要满足老年人的需求。

D. 服务人员要掌握与老年人沟通的相应技术，并接受相关培训，以有效地为老年人服务。

5.3 志愿支持：

要鼓励和支持志愿者在卫生保健和社区服务方面帮助老年人。

5.4 紧急预案和照顾：

紧急预案要考虑老年人在准备和应对突发事件时的需求和能力。

6. 社会参与

6.1 活动的可参与性：

A. 活动地点在老人们的邻近范围内，方便到达，并且有可承受的、可行的交通工具。

B. 老人在参与活动时可以选择带一个同伴或者他们的保健员。

C. 活动时间方便老人。

D. 参加活动的条件是开放的（比如，不需要一定是会员），进入方式必须快速、一步到位，不需要老人排很长时间的队（比如买票）。

6.2 活动的可承受性：

A. 活动或者当地有吸引力的节目与活动必须是老人们能承受得起的，没有隐性的或者额外的费用（比如交通费）。

B. 自发组织要得到政府或者个人的资助以保证活动的费用老人们可以承受。

6.3 活动的覆盖范围：

A. 提供丰富多样的活动来吸引有各种潜在兴趣的老人。

B. 鼓励不同年龄段和不同文化背景的人参与到集体活动中来。

6.4 设施和配置：

A. 各种团体机构均可以有涉及老人的聚会，比如坐落在社区附近、公园或花园的娱乐中心、学校、图书馆、集体中心。

B. 开展活动的机构具有可供残疾或者需要照顾的老人使用的设备。

6.5 活动的关注及推广：

活动得到很好的宣传，保证通知到了大多数的老人，老人很清楚地了解到了活动的信息，它的可参与性以及交通方式的选择。

6.6 杜绝孤立：

A. 发出针对个人的邀请，以促进活动的进行和增加参与度。

B. 活动容易完成，不需要特殊的技能（包括读写能力）。

C. 在邮件簿和电话簿上，有不再参加活动的成员名单（除非这个成员要求删除）。

6.7 促进社区一体化：

A. 提供不同年龄和爱好的人共享的集体设施，从而有利于人们相互交流。

B. 社区活动室开展各类活动增进邻居之间的交流。

7. 社区参与和就业

7.1 志愿者的选择：

A. 为老年志愿者参与再就业提供选择范围。

B. 建立良好的老年志愿者培训计划和工作环境，以巩固、发展、完善老年志愿者组织。

C. 让工作岗位与老年人的技能和兴趣相适应。

D. 志愿组织应给老年志愿者充分支持，例如为他们提供交通工具或者报销交通费、停车费。

7.2 职业选择：

A. 在一定范围内给老年朋友提供工作机会。

B. 用政策和法律来约束老年歧视。

C. 退休是一种选择而非必需。

D. 用灵活的方式选择老年临时工和季工。

E. 有就业程序和专门服务机构为老年工人提供服务。

F. 工人组织（工会）支持老年人的灵活选择，如鼓励老年工人参与兼职和义务工作。

G. 鼓励雇主雇用更多的老年人。

7.3 培训：

A. 为老年工作者提供退休后的培训。

B. 为老年人提供再次受培训的机会，例如培训他们掌握新技术。

C. 工会为他们的就业提供培训。

7.4 再就业：

A. 为老年志愿者提供的就业机会和工资报酬应公开，适当提升工资待遇。

B. 工作地点交通便利。

C. 工作地点应满足残疾老人的要求。

D. 参加志愿工作不用花钱。

E. 用赞助基金或保险开支来招募训练老年志愿者，使老年志愿者的就业机会常态化。

7.5 社区参与：

A. 顾问委员会、组织会议等都要有老年人参与。

B. 支持老年人参与会议和民生事件的讨论（如给残疾者提供座位、给失聪者提供帮助、交通问题等）。

C. 要使老年人自己为他们的政策、方针和计划制订作出贡献。

D. 鼓励老人多融入社会。

7.6 价值贡献：

A. 老年人应得到尊重，他们的贡献应得到认可。

B. 雇主和公司应重视老年人的需求。

8. 信息交流

8.1 信息提供：

A. 一个基本的、普通的信息系统包括海报传单、广播媒体和电话，任何居民都可从中获利。

B. 政府或志愿者组织建立系统可靠的信息发布方式。

C. 把信息散发到老年人居住地附近、常活动区域和日常生活地。

D. 信息发布与社区的“一站式”信息中心合作。

E. 通过定期的和针对性的媒体为老年人提供他们感兴趣的完整信息和广播。

8.2 口头交流：

A. 老年人更愿意通过口头交流来获得信息，例如通过公共会议以及社区活动中心、老年协会和广播媒体的责任人逐个散发信息。

B. 处于社会孤立危险中的人可以从那些他们可信赖的、有经常联系的人群中获得信息，例如志愿者通话员和访问员、家政工作者、理发师、门卫等。

C. 根据需要，公共机构和公司人员提供友好的、人性化的或者一对一的服务。

8.3 书面信息：

A. 书面信息（包括官方文件、电视字幕和显示器说明）应具有较大的字体、简要的内容、清晰的标题和宽大的页面。

B. 书面交流和语言交流都要用简短扼要的句子、简单易懂的词汇。

8.4 自动化交流和设施：

A. 电话应答服务能缓慢而又清楚地给出说明，告诉通话者如何获得信息。

B. 使用者可以选择人工服务，或者给某人留言让他回电话。

C. 电子设备，例如移动电话、广播、电视、银行和检票机，都要有大的按键和字体。

D. 银行、邮局和其他服务设施应有明亮的操作台，高度适用于不同的人群。

8.5 计算机和互联网：

A. 在政府机构、社区中心和图书馆这样的公共地区，以免费的或几乎不收费的方式提供供人使用的计算机和互联网。

B. 为使用者提供精简的说明和及时的个人帮助。

三、老年友好城市的理论基础

1. 老年学相关理论

“在地老化”是过去几十年老年人服务越来越关注的原则。大多数学者和政策制定者很赞同这一原则，认为是解决老年人居住和享受社会服务最有效的方法。它的优势可以总结为如下几项。

（1）尊重老年人的生活习惯和需求，希望老年人能够在熟悉的生活环境中（或家中）独立生活尽可能长的时间。

（2）避免了居住环境变化所造成的系列生活问题（陌生环境、陌生人群）及其带来的精神压力。

（3）有助于降低公共医疗支出及机构护理的支出。

（4）有助于维护老年人的社交网络和独立自主性，及其对家和社区的归属感。

“在地老化”涉及老年人个体对住宅环境的改造和适应、生活中支持性科技的运用以及居家护理等方面。越来越多的人开始认识到应该将老年人的需求进行整体和综合的考虑。吕（Lui）等学者提出，城市对于老年居民的影响是多元的，它既包括具体的城市设施，也包括老年人的社会联系，以及促进其社会参与的手段。梅内克（Menec）等学者认为，老年友好城市的政策进程，以及老年人在政策制定中可以担任的角色也很重要；新的研究视角仍然基于“在地老化”的理论，但已经超越了单纯的住宅层面，而将更广泛的社会环境和物理环境也纳入考虑，研究其对老年人的健康和生活质量的影响因素。

劳顿（Lawton）等在20世纪70年代开创的环境老年学，为研究老年人及其与所生活的社会环境的相互作用提供了一个综合的视角。环境老年学的一个观点就是："当老年人遭受身体机能或心理状况损伤时，通过运用住宅外部环境因素影响，加快主动或被动迁居过程，使其在迁居之后迅速适应新的生活环境，并继续保持最大限度的独立性。"WHO也指出，个人信念和较良好的身体机能也是提高老年人自主性的重要因素，积极老化提高了老年人的健康和寿命，从而间接降低了健康护理和公众服务的压力。

在地老化等理论以及环境老年学、老年地理学等相关学科共同拓展了解决老年相关问题的理论范围，也将老年问题提升到城市规划层面——研究如何在规划中解决城市中老年人的需求，以及如何制定老年政策，从而调整城市化策略。

2. 城市规划相关理论

自20世纪80年代开始，城市规划的主流思潮聚焦于以下三个方面：可持续城市化、新型城市化和精明增长理论。尽管这些理论并不直接针对老龄人口，但它们还是在某些部分提供了可供借鉴的解决方案。

（1）可持续城市化。

可持续城市化是一个整体的城市发展方案，主要基于三个原则：最大限度的环境保护、社会公平以及城市经济协调发展。崔胜辉等认为，可持续城市化的本质就是要从整体上把握和解决社会、经济、自然子系统之间，以及城市系统与周边区域等外部系统之间的协调发展问题，实现城市复合生态系统的最优化发展，最终提高人们的福利水平和生活质量。在城市，可持续城市化的战略体现在下面六个方面：一是城市建设与自然和谐发展；二是混合型的土地利用以及协调的城市风貌，从而形成可居住的建设环境；三是土地制度所支持的社会公平；四是可持续的地方经济；五是区域责任和区域协作；六是征收排污费。

（2）新型城市化。

新型城市化提倡城市集约发展，并通过对住宅类型、年限、区位、价格和开发强度等的区分实现高度混合的居住形态，以提高土地利用的效率和土地利用的多样性。新型城市化模型下的城市中心是步行导向的，具体措施包括为非机动车设计公共空间、建筑之间的高连接度以及设计适当的路网层级。道路系统机非分离，并通过建筑设计和城市设计使道路空间符合人行尺度。新型城市化在中国又有着特殊的意义。王建国等认为，新型城市化应当注重城市效率的提升，加大公共交通的配给、绿色基础设施的完善、城市功能混合性的提高；在城市空间营造方面，尊重城市成长的内在规律性，把城市空间的静态使用与动态适宜性高度统一起来。

（3）精明增长理论。

与新型城市化相似，精明增长也强调集约城市、土地混合利用等原则，并包括了更详尽的城市建设内容，如增加城市开发强度以及对衰落旧区的改造。国际经济合作发展组织（Organization for Economic Co-operation and Development，OECD）首先认识到精明增长理论对建设老年友好型城市环境的价值。在其 2003 年发表的报告《发展中国家的老龄化、住房和城市发展》中，OECD 强调了集中、集约和多样化城市发展的重要性。美国环保署（Environment Protection Agency，EPA）发布的报告中称："老年友好社区运用了精明增长的原则（即促进社区、环境、经济和公众健康共同发展），以成为更健康的养老社区——对于其他年龄组的人也是如此。"

美国规划师协会（The American Planning Association，APA）在 2011 年使用了"代际综合规划"（Multigenerational Planning）这一名词，以描述在可持续发展的原则中针对老年人和儿童特殊需求的规划部分。APA 认为，代际综合规划的主要重点包括以下内容：提高社会包容性；分别考虑城市设施对老年人、成年人、年轻人和儿童的可达性和安全性；提倡居家养老和社区养老；促进老年人和儿童的社会参与。

第二节　老年友好型社区建设案例

综观老年友好型城市建设的国际经验，我们认同建设老年友好型城市是全社会的共同责任，需要政府、企业、社会组织、个人等各方紧密无间地合作与持续地努力。全球不同城市和国家均采取了具有区域特色的行动准则和不同措施来实践创建老年友好型社区或城市。

一、老年友好型城市的创建措施和行动准则

美国、英国、澳大利亚等国家率先实践创建老年友好型城市，其采取的措施和行动准则都经过在地化过程，具有国家和地区发展特色。以下是不同国家和城市创建老年友好型城市（社区）的措施（见表6.1；楼玮群、高淑芬，2012）以及不同的行动准则（见表6.2；窦晓璐等，2015），接着本书将详细呈现美国建设老年友好型城市的策略——以美国波特兰市为例。

表6.1　全球不同城市和国家创建长者友善城市（社区）采取的措施

城市/国家	公众参与	公众参与程度	公众角色	指引或实践
纽约	长者友善纽约市委员会	合作伙伴	顾问	•促进纽约成为长者宜居城市
伦敦	伦敦市长者友善城市工作小组	工作小组	评估员	•长者友善伦敦倡议
澳大利亚	老龄问题部长级咨询委员会	委员会	顾问	•澳大利亚首都特区积极晚年战略计划（2010—2014）
中国	市/区老龄委员会			•老年友好型城市建设指南 •老年宜居社区建设指南 •老年温馨家庭建设指南

表 6.2　不同国家的老年友好行动准则比较

	世界卫生组织（WHO）	美国			英国	法国	澳大利亚
名称	老年友好型城市	可居社区	宜居住社区	老年友好型社区	终身社区	共同居住健康老化	老年友好型城市环境
公共设施	户外空间和建筑	土地利用	社区规划和区划	—	城市环境和公共空间	规划和建筑环境	城市规划和公共空间
公共设施	城市交通	城市交通	城市交通	独立性最大化	城市交通	城市交通	城市交通
公共设施	住房	住房	住房	住房	住房	住房	住房
公共设施	健康和社会服务	服务、休闲和公共设施	护理和健康服务	—	设施可达性	公共设施和服务	护理服务
社会政策	对老年人的社会尊重、包容和健康	—	健康和公共安全	基本需求和健康	社会包容和健康	健康	安全
社会政策	社会参与和老年就业	老年教育、社区规划的公众参与	志愿者服务	社会和市民活动参与	社会基金	社会和文化活动参与	社会对老龄化的重视度
社会政策	资讯和交流	领导力、协作和交流	文化教育和终身学习	—	资讯、创新和跨部门规划	—	资讯和教育

（此表来源于窦晓璐等人根据英国社区和地区管理署、AARP、N4A 等的研究汇编。）

二、美国波特兰市的老年友好型城市建设案例

2010 年，“老年友好城市”计划试点在纽约展开，但波特兰市的老年友好型城市相关研究更早，始于 1989 年。波特兰市是美国西海岸俄勒冈州的首府，该市风光秀丽，气候温和，数次被评为全美“最适合居住的城市”。波特兰也是 WHO 老年友好城市网络的合作城市，其首创的“高校—城市—社区”合作模式连续两年在 EPA 的健康社区评选计划中获奖。

波特兰在老年管理会（Administration on Aging）的支持下，由州立大

学老年研究中心针对老年人的住房和交通需求进行了城市增长模型研究；并基于与WHO的合作，着眼于如何将“高校—城市—社区合作模式”更好地应用在研究和长期规划中，以创造更加友好的城市环境。

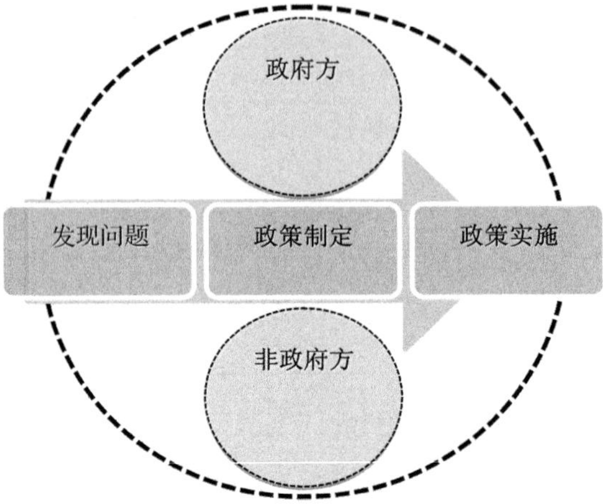

图6.2 波特兰市老龄城市规划过程

为更好地规划建设老年友好型城市，波特兰州立大学的研究者整合了约翰·金登（John Kindon）的议程设置理论中的三个连续过程，即发现问题、政策制定和政策实施，从而逐步建立了波特兰的老年友好的政策框架。在波特兰的老年友好型城市行动中，政策制定的参与者被大致分为政府方（政府官员和公共部门工作人员）和非政府方（相关组织、研究者和利益关联方）。其中非政府方起到了特别重要的作用，他们包括下列四种不同类型和规模的组织：研究者、相关组织和利益关联方、老年人以及地方媒体。而政府方也有重要的影响，比如波特兰市的两任市长都大力推行WHO项目，为大学争取研究经费，并促进了高校研究者与市规划和可持续发展部门的合作，城市议会也给予了支持。另外，地方城市规划、住房、交通等相关部门的代表也在发现问题、政策制定等方面对老年友好方案提供了帮助。

而发现问题主要基于五个方面：第一，在前期研究阶段，针对社区规划、住宅、交通等方面对老年社区的需求特征进行定义，并对不同类型的老年需求进行区分；第二，在WHO国际网络框架下组建“高校—城市—社区”合作模式，聚集政府部门、私立部门、非营利组织和高校，并在美国退休人员协会（AARP）的赞助下，基于研究成果发表研究报告；第三，运用高校资源推行不同层次的调查研究；第四，建立数据库，利用WHO的指标进行统计和地理分析，从而得出相关政策和项目应该在何时何地实施；第五，在政府工作者中实施调研，从而分析在政策制定者的眼中哪些是建设老年友好城市的关键因素。

在城市总体规划（Comprehensive Plan）的制订过程中，老年友好方案主要经由一定程序加入。2005年，波特兰政府赞助了“Vision PDX”项目，来收集市民对2030年的城市展望以及对当下城市政策的建议。此项目共收到了超过17000份反馈，其中包括很多对老龄城市建设计划的意见。在该项目结束后，政府开始编制《波兰特规划》（*Portland Plan*）。这份战略规划设置了很多近期目标，以及衡量成果的方式，同时也制定了远期目标和五年行动计划。《波兰特规划》的专家组中包括了高校老年中心的研究人员，因此在整个过程中，城市老年人的需求以及应对老龄社会的规划方案一直摆在台面上讨论。该规划草案发布以后，城市规划和可持续发展委员会（Planning and Sustainability Commission，PSC）收到了老年研究中心、AARP、波特兰残疾人协会等的书面诉状，逐条列出了他们对规划草案的意见以及对规划短期影响的担忧，有些组织甚至进行了口头抗议，认为规划将他们置于“被忽略的社区”中。PSC委员随即要求规划组成员与老年人和残疾人利益相关组织合作，进行规划修订。在2012年发布的《波特兰规划》终稿中，加入了“建设全龄社会”章节，包括10项五年行动条款，旨在“提高波特兰的城市可达性和老年友好性”。《波特兰规划》同时也影响着城市总体规划的修订，新版城市总体规划将会加入区划、交通、公园、住房等内容，来响应《波特兰规划》的原则①。

波特兰在老龄城市规划上的成功，很大一部分要归功于政府在政治和政策制定上的开放和包容。同时，地方规划部门和老年相关部门与高校研究部门的密切合作关系，也是很重要的组成部分。另外，政策制定过程中的公众参与和社区参与对规划面向全社会成员的利益起了非常关键的作用。

---

① 本部分内容大部分源于窦晓璐等人的研究报告。

第七章　老年友好型社区建设指南

上一章简述了老年友好型社区的标准与不同城市和国家的推进案例，本章将从实地建设的角度出发，以社会工作者参与实践为例，探索老年友好型社区建设的重点路径、社区资源整合地图绘制、社区专业服务评估等内容，并结合此重点内容制定老年友好型社区建设的实践指南。

第一节　老年友好型社区建设重点

本节主要阐述老年友好型社区建设的重点流程，以社会工作服务机构的实践为例，主要包括确立目标、找准定位、参与实践等。

一、解读老龄政策，确立建设老年友好型社区的目标

世界卫生组织就老年友好型社区提出过纲领性的建设指标，但考虑到各个城市和地区经济发展、人文地理、公共健康和社会服务发展的差异，我们必须通过解读国家和地方的老龄政策，结合当地实际情况确立短期、中期和长期目标。

1. 老年友好城市建设相关政策

2013 年 8 月 16 日，国务院研究确定了“深化改革加快发展养老服务业”的任务措施。会议提出，到 2020 年全面建成“以居家为基础、社区为依托、机构为支撑的覆盖城乡的多样化养老服务体系”，把服务亿万老年人的“夕阳红”事业打造成蓬勃发展的朝阳产业，使之成为调结构、惠民生、促升级的重要力量。根据此次会议精神，国务院印发了《国务院关于加快发展养老服务业的若干意见》（国发〔2013〕35 号，以下简称《意见》），提出了加快发展养老服务业的总体要求、主要任

务和政策措施，为破解养老难题、拓展消费需求、稳定经济增长发挥了重要作用。

2017年，老龄事业发展第十三个五年计划提出了四大发展目标，包括：（1）完善多支柱、全覆盖、更加公平、更可持续的社会保障体系；（2）健全以居家为基础、社区为依托、机构为补充、医养结合的养老服务体系；（3）完备有利于政府和市场运作充分发挥的制度体系；（4）让支持老龄事业发展和养老体系建设的社会环境更加友好。

上述国家性的战略措施为解决我国老龄人口的快速增长与养老服务发展缓慢的矛盾、推动养老服务业的发展起到了重要的指引性作用。尤其是第四个目标，昭示了国家对推动建设老年友好型城市的顶层策略。

2. 解读政策并确立目标

在国家宏观的政策框架下，各地政府因应当地的老年人口实际情况，提出原则一致但小有不同的目标。例如，第二个策略作为国家宏观层面的养老服务要求，在回应时，一致的原则是，绝大多数老年人居家养老，大概占老年人总人口的九成。在社区依托和机构补充这点上，出现了73和64的小区别：方向一致，社区多、机构少，分野只是在设定的百分比目标上，一些地区社区7、机构3，另一些地区社区6、机构4。广东省的文件没有明确说明，不过在文字上更接近“9064”的方向。

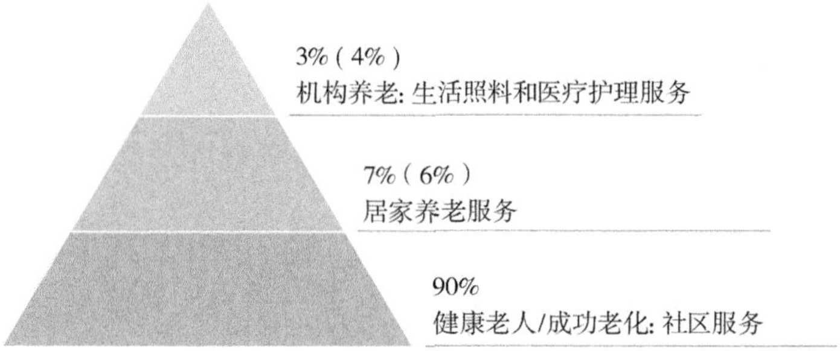

图7.1 社区老年服务金字塔

“9064”的战略目标要求可以概括地解读为90%的老人在社区，他们有自我照顾能力，社会服务的定位可以集中在鼓励和推动健康老化和成功老化方面。6%的老人由于疾病或者身体机能衰老而需要日常生活的协助，社会服务的定位应集中于协助老人及其家人实现社区养老，让他们尽可能地生活在自己熟悉的社区内，安享晚年。4%的老人由于身体机能高度退化，需要多方位的护理，服务应定位在院舍照顾，从而提供特殊的个人化的服务（见图 7.1）。

3. 实操指南

上述解读具有科学性的指导意义，可供各类老年友好城市建设实践者参考。

首先，每一层老年人的服务目标更加明确，让机构在规划服务、优化服务以及整合服务时能够有的放矢。

其次，机构可以以此为依据，建立长效的评估体系，在预防和干预层面有目的地联动和运用资源。

最后，此解读可以成为机构制定和评价关键绩效指标的纲领。理事会成员、管理人员和一线社会工作者都能统一认识，为共同的目标而奋斗。

除了科学解读政策之外，在设立老年友好型社区目标时还需以自身机构或者个人的价值和目标为依归，找到参与推动建设的出发点。例如，如果是医疗机构，那么目标可以多一些配合社区医疗服务；如果是城市建设单位，那么可以在道路和户外环境方面多下功夫；如果是社区服务单位，那么就可以在推动参与和社区服务方面着手。可以说，老年友好型社区建设的框架非常全面，没有一个机构可以独立完成全部的推动工作，必须协同多部门、多持份者参与才能实现。

二、结合机构自身的专业特点，定位策略来推动能力建设

以番禺区正阳社会工作服务机构为例，由于番禺正阳的核心业务是以社区为本的社会工作服务，因此，在老年友好型社区建设推动上，首先要明确社会工作服务的国家和地方政策以及标准，从而进一步细化建设老年友好型社区的目标。

1. 社会工作的专业特点

自 20 世纪 80 年代中国恢复社会工作高等教育以来，社会工作成为老人服务的专业服务行业之一。为了积极应对人口老龄化，实现老有所养、

老有所医、老有所为、老有所学、老有所乐，充分发挥社会工作者在养老服务业中的专业作用，2016 年，民政部出台了《老年社会工作服务指南》，提出老年社会工作服务的内容主要包括救助服务、照顾安排、适老化环境改造、家庭辅导、精神慰藉、危机干预、社会支持网络建设、社区参与、老年教育、咨询服务、权益保障、政策倡导、老年临终关怀等，同时规范了两大类服务方法（见图 7.2）和六种针对特定需求的干预方法（见表 7.1）。

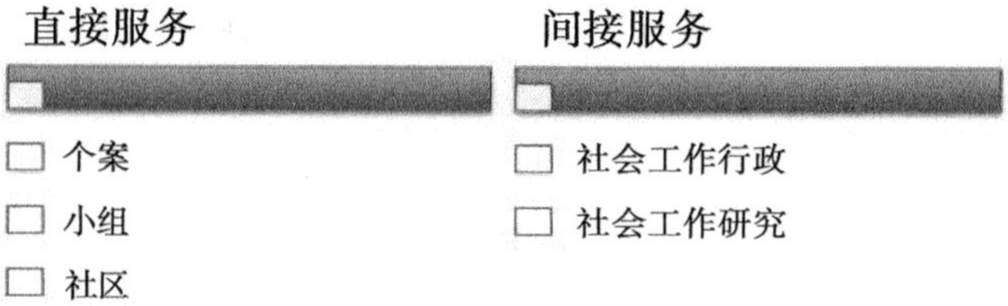

图 7.2　两类方法

表 7.1　针对特定需求的介入方法

方法	适用人群
缅怀治疗	主要适用于帮助老年人缓解抑郁、轻度失智等问题
人生回顾	主要适用于帮助老年人处理长期的情绪问题
现实辨识	主要适用于预防和缓解老年人认知混乱、记忆力衰退
动机激发	主要适用于预防、缓解老年人社交能力受损、负面情绪等
园艺治疗	主要适用于预防和缓解老年人身体和精神的衰老
照顾管理	主要适用于需要长期照护的老年人，以及具有多重问题和复杂需求的老年人

考虑到番禺正阳是一个以社区综合服务为核心内容的服务机构，服务对象并非以老年人为主，而是针对家庭中不同需要的群体，包括儿童、妇女、残疾人等，为了能更积极地落实国家关于老年社会工作的关键绩效指标，能力建设必须先行。

2. 实操指南

结合正阳的情况，社会工作者践行老年友好型社区建设服务的相关能力要从社区、机构和个人三个层面（见图7.3）来梳理提升。

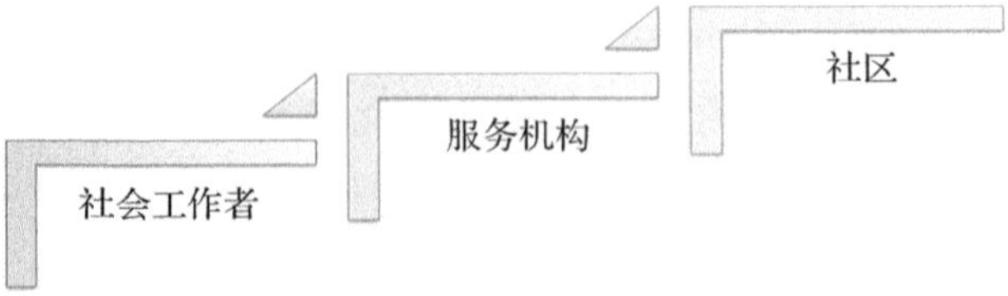

图7.3　三大层面

（1）社区层面。一个机构认识社区、了解社区、服务社区是推进建设老年友好型社区的前提。在老年友好型社区的框架下，认识和了解社区绝不止于单纯了解社区中的社会服务内容，而是要从生活入手，了解社区的文化、教育、社会，甚至商业活动，发掘社区在人、财、物方方面面的优势，才能有利于协同老年社会工作的发展。

（2）机构层面。制定一套统一的需求评估系统能有效地提升机构能力。首先，统一需求评估能及时反映社区老人的需要和变化，找到服务缺口，制定服务发展方向。其次，统一评估能适时反馈服务绩效，提升服务评估客观性。最后，统一评估能确立社会工作者在社区服务中的定位，找到跨专业协同服务的结合点，为未来发展医养结合的新型服务模式做好战略准备。

（3）个体层面。在我国香港地区研究的基础上，我们推荐老年社会工作者核心能力的三层理论。基础层的能力包括老年学的相关知识、社会工作者的价值观和态度以及个人性格属性。链接层是社会工作者建立、保持和终止工作关系的能力。服务层是社会工作者计划、执行和反馈干预的能力（见图7.4、表7.2）。我们相信，每一个老年社会工作者都具备这些能力，并在工作中不断优化。这个能力培养系统也同时推荐为老年社会工作服务机构的重要绩效指标。

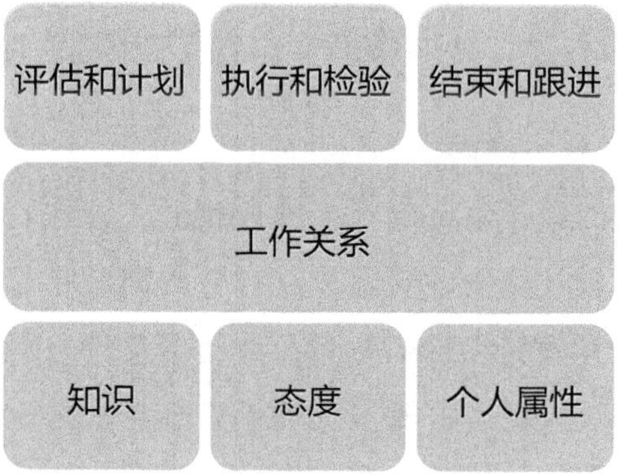

图 7.4　能力建设三层模型

表 7.2　模型举例

三层能力模型	例子
知识	老年人常见病
态度	愿意接受不同的观点来提升工作
个人属性	关注关心服务对象的行为
工作关系	社会工作者与服务对象的结案关系
评估和计划	精准发觉服务对象的行为问题
执行和检验	发展性/治疗性的干预服务
结束和跟进	评价服务的有效性

建议安排系统培训，可以参照“老龄友善培力课程”，让所有层级的员工都能接受到关于政策、社区、评估和实操四大板块的培训。并在培力过程中充分运用理论和实践相结合的模式，积极引导员工在培训时参与小组讨论，并在培训间隙走进社区，了解社区资源情况，绘制社区资源地图；在机构建立了统一评估平台后，培育每一位员工参与对老年人的需求评估，全面评估社区老年人的生理、功能、心理、认知和社会参与的优势和风险，有针对性地了解和分析社区老人的需求。

三、理论指导实践，专业服务参与老年友好型社区共建

1. 专业服务参与共建的重点

建立机构层面的老年友好型社区建设机制，在机构的愿景、目标、服务流程、专业考核、社区联动层面设立有效的绩效指标，这样能进一步确立机构在老年服务方面的愿景和使命，在与主要持份者沟通时提高沟通效率。同时，考虑到一线员工可能出现的流失和轮换情况，设立机构的机制能清晰表述机构的期望，以及对员工专业发展的承诺，达到机构、个人和持份者三赢的最佳统合。

在完成了上述的准备后，机构就能够针对性地发展和推动老年友好型社区建设的精准服务，最好有清晰的服务层次设定（见图 7.5）。在服务发展层面上，建议从本专业出发，结合社区和一线服务的经验，开发品牌服务。

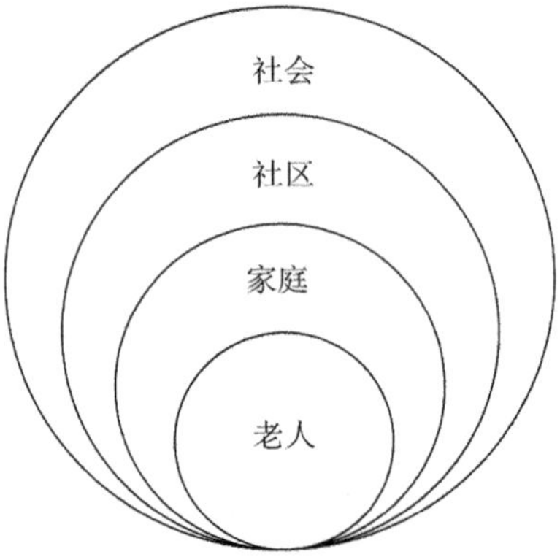

图 7.5　服务层次

2. 实操指南

首先，在一线员工积极参与下，结合老年人需要综合评估的结果，我们了解到社区老年人多数承担了不同类型和程度的照顾活动，例如照顾高龄父母、配偶之间的相互照顾，照顾残疾的成年子女、照顾孙子女，协同保姆共同照顾等。因此，在目前阶段，照顾者支援服务可能是品牌建设的最佳切入点，例如“假日午餐”“保姆压力舒缓”“日间喘息”“互助小

组”等。

其次，建议为老年人提供情绪干预服务，例如将老年人抑郁症干预设立为机构品牌服务发展的中期目标之一。综合需求评估的结果显示，老年人的慢性病（包括颈椎、高血压、关节炎、风湿）以及临床症状（例如疼痛、跌倒等）成为社区中老年人主要面临的困境和需求。建议在本社区找到疾病和临床症状的相关专家团队，协同对社区老年人的慢性病和临床症状需求作出回应。可以考虑协同的社区资源有社区医院的医生和护士以及社区卫生中心的健康教育讲座。目前网络咨询非常丰富，对慢性病和临床症状来说，有利也有弊。从正面来说，老年人自己或者家人可以从网络上搜寻相关的知识和自我照顾的技巧。但同时，由于网络咨询非常多，老年人自己要作出精准的判断，或许有难度。据此，我们提出最佳的应对策略是：对每一个老年人的慢性病病种、病程以及临床症状进行专业评估，有针对性地进行健康教育和健康管理教育。社会工作者可以协同老年人及其家庭了解评估的结果，订立管理策略，鼓励健康生活方式并定期复检，调整管理策略。

最后，不论是社会工作者引领的品牌建设还是社会工作者协同的健康管理服务，都需要建立在能力培育的基础上。而一旦开始发展服务，就需要把老年人社区服务的定位准确地融合到机构的年度计划上，配合机构政府购买服务的方向和机构自身发展品牌的策略。

第二节　老年友好型社区建设的资源地图

老年友好型社区建设的实践在路径清晰的基础之上，需要社区各类资源的支持，尤其是社区本身资源的友好性会直接影响实践行动。社区资源的梳理在社会工作服务中通常以资源地图的形式呈现，它可以非常直观有效地支持社会工作服务的推进，因此可以很好地促进社会工作者践行老年友好型社区的建设。

一、什么是社区资源地图

社区资源地图是在社区资源理论的基础上发展出来的发掘、掌握和协同社区资源，从而促进和实现社区改变的方法，换句话说，是将社区服务的发展放在社区资产发展（Asset-Based Community Development，ABCD）的视角下，探索如何由机构、服务和服务人员交互建立关系，从而形成最佳的社区发展战略。根据 Block 和 McKnight 的说法，ABCD 地图可以从发掘社区资源出发，将一个社区改变成为一个强大的、互助的、成功的社区。社区资源主要包含在六大范畴内：个人资源（社区领袖、企业家/有心人、家务工作者、年轻老人、学生、社区协会或者组织的领袖等）、各种社区物理环境资源（适合跨年龄代际活动的场地、运动场地、社区活动场地、社区服务场地、房屋布局等）、经济环境资源（社区的主要经济活动、由老年人参与的经济活动、经济资源等）、社会组织资源（自助组织、工会、妇联、共青团、少先队、各种宗教组织等）、当地政府和企业部门资源（政府部门、医院、图书馆、博物馆、企业义工等）、社区历史文化（故事）资源（历史典故、历史遗迹、公园等）。

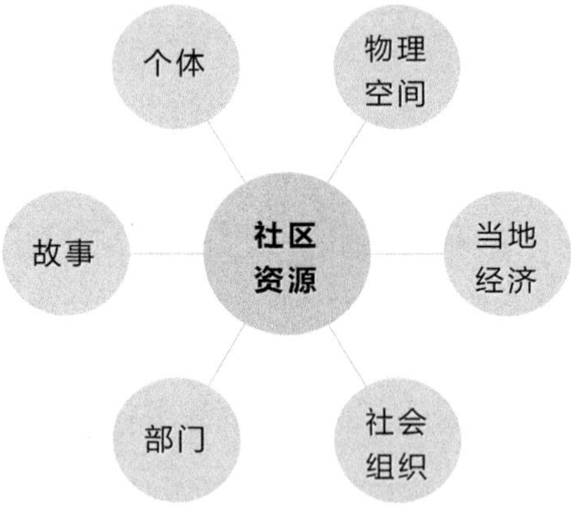

图 7.6　社区资源的六大范畴

二、如何绘制社区资源地图

要绘制社区资源地图，可遵循以下六个步骤。

1. 第一步：组建小组

社区资源地图的绘制不能只靠单个的工作人员来完成，不是说个人无法完成，而是从策略上说，社区资源的协同和共享如果由核心小组来完成，可以起到事半功倍的作用。小组一般由4~6位成员组成，最好有一个组长负责，便于小组凝聚力的形成。社区的地理范围需要由小组来确定，有时候一个机构在多个地理范围内服务，或者有多个服务点，或者需要绘制多于一个地图，应考虑每一个地图的地理范围是否要和政府的行政区划一致。如果政府购买的服务是机构的主要服务，那么能统一是最好的。

2. 第二步：确定主题

社区资源的发掘可以有不同的主题和目标，建设老年友好型社区就是我们的主题和目标，其他的目标可以是增加社区的安全性、增加社区的经济活动等。建议在建设老年友好型社区的主题下确立六个副主题，包括个人资源、社区物理环境资源、经济环境资源、社会组织资源、当地政府和企业部门资源、社区历史文化（故事）资源。建议以这六个主题为基本要素，其他资源若有必要，可以经过小组讨论决议后包括在内。

3. 第三步：收集资料

在成立了小组后，小组成员可以就要收集的数据作出基本的梳理，确定哪些是机构或者小组成员已经掌握的资源信息，哪些是有粗略了解但还不确定的资源信息，哪些是完全未知的资源信息，并用地图的形式标明显示。随后，就资料收集和确认进行小组分工。这个时候，如果计划完成的时间紧，有可能小组决议要增加一些人手，具体协助第四步的实施。

4. 第四步：实地走访

在确立了哪些资源资料要进一步确认、哪些要重新收集后，小组成员各自分工合作，在既定的时间内走访不同的资源。有些资源是开放式的，只要实地到访就可以，例如公园等；有些资源是要经事前联络才能走访的，例如企业、代表人物等。所以如果能在小组成立时就邀请社区领袖或者社区资深人士参与，会起到事半功倍的效果。否则，小组成员需要做好思想准备和时间规划，需要预见到小组未必能在既定时限内走访所有预计的资源项目。

走访时要紧扣主题，如目标是建立老年友好型社区的资源地图，可以循着以下的访问大纲进行：

（1）这个资源的具体性质（人、财、物，价值理念）。

（2）这个资源的性质在哪些层面上能促进社区老年人实现居家安老。

（3）这个资源过去与本社区以及老人生活的链接。

（4）这个资源未来与机构老人服务的链接。

（5）这个资源在机构定位上的协同性和可以扮演的角色。

5. 第五步：绘制地图

即在一张地理地图的基础上，把上述走访得到的资源绘制到地图上。从视觉效果上看，如果能体现资源的实际位置，有利于居民及服务对象更加便利地接触到并使用这一资源。当然有些资源，例如人力资源，流动性大，未必需要定位。但是大部分的资源都可以在地图上定位，以达到视觉和实质的效果。绘制时原则上小组成员要对资源进行整合与分类，并评估是不是促进老年友好型社区建设的资源，去粗取精，共同完成。建议地图可以陈列在机构公众可及的地方，以便公众也可以从资源地图上受益。

6. 第六步：定期更新

资源地图最好是能每年更新，以便机构年度计划时可以成为领导和员工共同参考的基础。如果社区在经济、文化、地理、人文等事项上发生了重大转变，例如有新的企业建立、房屋落成、商业区落成、旅游景点和旧房改造等，则建议及时更新社区资源地图。

三、资源地图绘制案例

下文是番禺区钟村街家庭综合服务中心长者团队成员绘制的社区地图，供大家参考。

（一）资源地图绘制流程（实践）

1. 组建参与绘制的小组

该次地图绘制的成员有五人，分别是：梁健敏、李祖亭、毛远雯、胡展程、李晓红。

2. 核心五人小组讨论主题和目标

组员根据人、文、地、产、景五大板块，分头找资料、联络访谈人、实地社区走访、整理信息、绘制地图。其间定期召开了三次工作会议，每次两小时，进行阶段性报告和分析，参考资料包括中共钟村镇委员会和钟村镇人民政府编制的《钟灵毓秀——钟村乡土文化溯源》。

3. 其他各阶段行动步骤（详见下图）

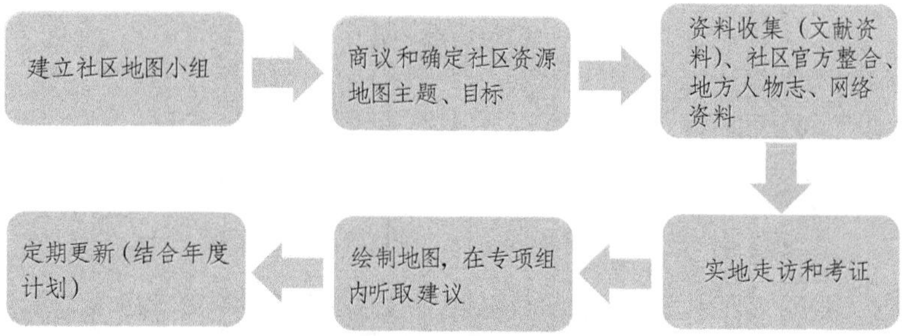

社区资源地图绘制锦囊

（二）“钟灵毓秀”钟村社区资源地图（成品示范）

★地图绘制背景

1. 人口（截至2019年底的数据）

1.1 全街总人口191662人。其中，本地户籍人口81456人，占总人口的42.50%；外来户籍人口110206人，占57.50%。

1.2 在全街本地户籍人口年龄结构方面，14岁以下的儿童及幼儿21351人，占户籍人口的26.21%；15~24岁青年10990人，占户籍人口的13.49%；25~59岁青壮年40194人，占户籍人口的49.34%；60岁以上老人8921人，占户籍人口的10.95%。

2. 自然地理环境

2.1 钟村街位于珠江三角洲中心腹地，番禺区的西北部，东接大石街和南村镇，南连沙头街和东环街，西傍石壁街，北连大石街，总面积27.1平方千米。紧邻广州南站。

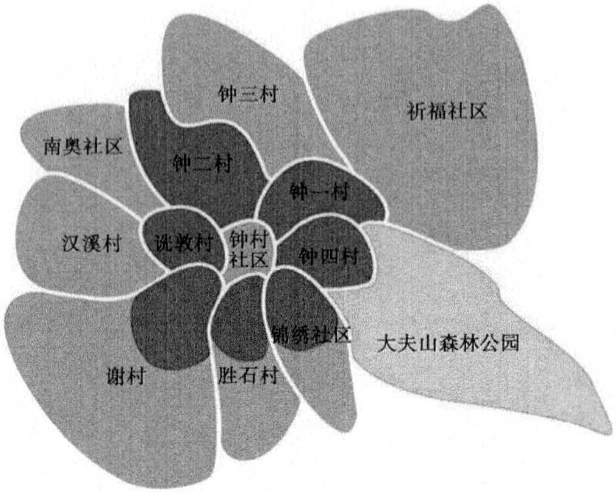

钟村行政地图

2.2 下辖汉溪村、诜敦村、谢村、胜石村、钟一村、钟二村、钟三村、钟四村共8个行政村和钟村社区、祈福社区、锦绣社区、南奥社区共4个社区，以及一个大夫山森林公园，是典型的城乡结合型社区。

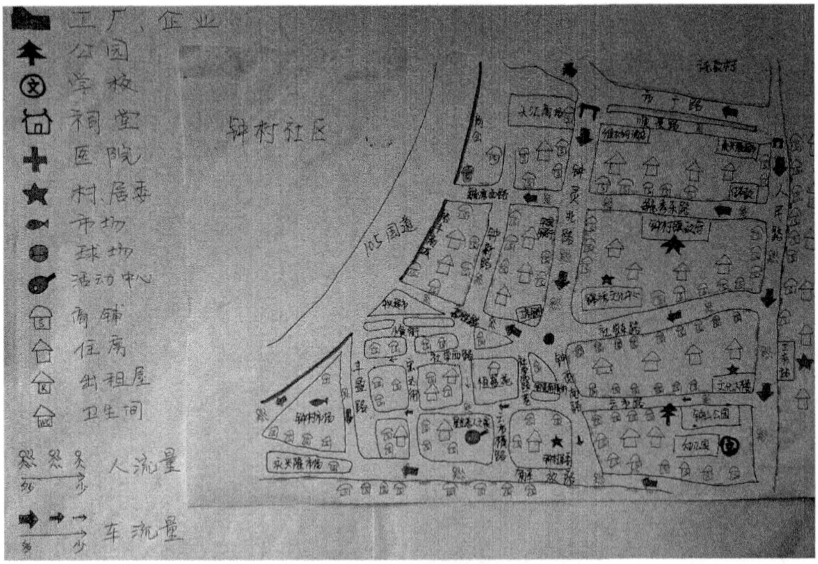

钟村手绘地图（1）

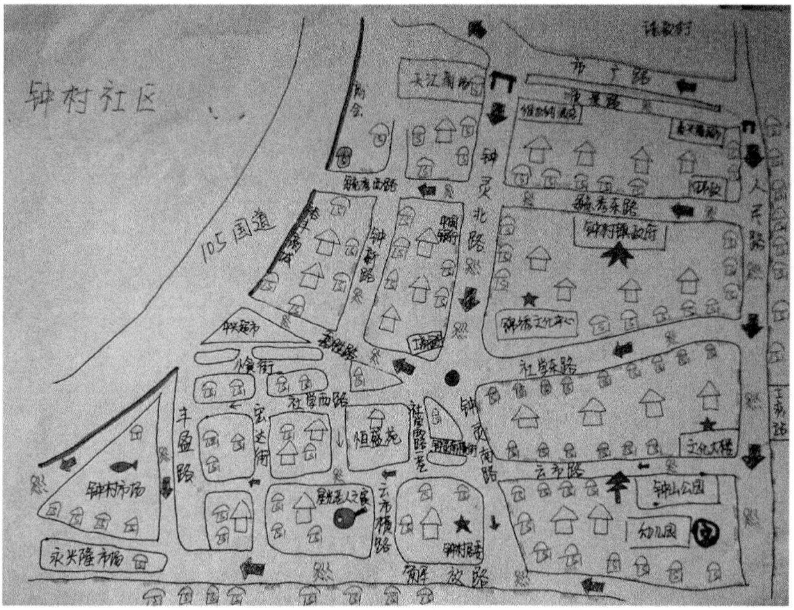

钟村手绘地图（2）

3. 房屋

3.1 村内房屋类型主要是居民自主建房与出租房，房与房之间楼距密集，巷子狭窄，且有不少杂物、垃圾堆放，容易出现安全隐患。

3.2 几个新型社区以中高档住宅为主，规划较好，楼距较宽。

4. 经济文化活动

4.1 钟村街是番禺区的经济强街、工业强街。

4.2 钟村街传统文化资源非常丰富，既有获得“广东省龙狮文化之乡”称号的龙狮文化传统，又有传统热闹的岭南水乡龙舟竞渡活动。每逢一些传统节日，钟村人就会在古老精致的钟村祠堂聚会庆祝。

5. 人群活动特点

日间：白天大部分年轻人都外出打工，年老长者多数在公园散步、下棋等。

晚间：晚上外出打工的人就会回来，饭后在公园、超市散步的人会比较多。

★物理空间

1. 公园

1.1 约14个，其中包括小区公园（三个社区）、街心公园（钟二、锦绣、钟一公园、钟一第三公园等）和社区公园（钟山公园）。

1.2 著名的有大夫山森林公园。

2. 各类姓氏祠堂（共14个）

文莆陈公祠、龙光堂、仁辅李公祠、宪所李宗祠、张氏宗祠等。

3. 公共设施

文化大楼（书画、乒乓球协会）。

文化广场（篮球场、健身器材、娱乐）。

锦绣文化中心（娱乐、休闲、戏剧）。

长隆集团（长隆旅游度假区：水上乐园、长隆欢乐世界、飞鸟世界）。

钟村市场和谢村市场。

公共厕所（钟山公园内）。

★社会组织（服务机构）

1. 社区医疗

钟村医院、祈福医院、钟村社区卫生服务中心和各卫生服务站共12所，还有康复站、健康小屋。

2. 社区治安

公安局、大队、治安队、派出所。

3. 社区康乐

星光老年人之家、文体中心、居委会活动室。

4. 文教培训

幼儿园28所，小学14所，中学6所，技校1所，各类艺术培训学校多所。

5. 专业服务组织

社会工作机构3个，社会工作服务站点总站1个、分站6个，以及环保协会、咨询机构等。

6. 其他社会组织

钟村街义工联、南奥舞蹈队、凤凰树歌友汇、舞狮队、钟村街残联、敬老院、夕阳红探访队、妙手生花协会、书法协会、摄影协会。

★当地经济

1. 工业区

万宝工业园。

2. 地产业

祈福地产、敏捷地产。

3. 旅游业

长隆欢乐世界、长隆水上乐园、大夫山森林公园。

4. 商业区

雄峰商城、五羊茶叶城、钟福广场、钟村市场、冠华花生厂、天汇百货、奥园时代广场、祈福缤纷汇等。

5. 农业

钟村花生、钟村大番薯、谢村黄姜。

6. 美食

腊老鼠、钟村健民牛奶店、牛杂、和味龙虱、四季仔（用番薯制作的一种食品，此乃钟村首创）、汉溪乌榄。

7. 其他

高尔夫球场（南奥），交通便利（地铁、公交、摩托）。

★（社区）故事

1. 大夫山名字的由来

传说在秦始皇统一六国后，派大夫南巡，大夫由于水土不服，染上痢疾，不治，找地方安葬。当时，番禺还是个“泽国”，只有大夫山这一块隆起的高地，大夫葬于此，无名小丘从此被人们称为“大夫岗”。这个名字一直沿用至乾隆年间。传说此山不断长高，一年之中，只有秋高气爽或风和日丽的季节才能让人们看清它的庐山真面目，其余日子终日云遮雾障，雾蒙蒙一片。当地乡亲在嘉庆年间将山名改为大乌岗。直至改革开放，开辟大夫山森林公园，才易名为“大夫山”。

2. 钟村“出会”

每年过了春节，正月十八是一年一度的会景。谢村庙会：每年农历八月十三是谢村庙会，这一天谢村及周边的人都点炮祈福，演戏摆筵，感恩谢祖。

钟村八景：百鸟归巢、西桥望月、农夫晚望、宝鸭穿莲、积善僧归、沙田夜市、御桥滴水、白马榕荫。

其中，“白马榕荫”有传说故事。传说，村之东有古庙一所，名叫白马庙，庙右侧种有一棵几人合抱的榕树，树干遒劲。白马庙内祀奉白马，相传为神龙降生。据说白马每在子夜走出庙门，在村内巡缉盗贼，故乡民偶尔听到清脆马蹄声，待五更将尽，到庙前池塘洗涤一夜辛劳汗渍，然后缓步回庙。故而善男信女每到庙内拜祭时尚感马身湿润清凉，马尾滴着水珠。

★（知名）个体

李池湘（广东著名粤剧演员）、叶幼琦（粤曲平喉唱家）、卢国尧（文化名人）、陈松（爱心人士）、麦浩培（“广州好人”）、苏志刚（长隆逢年过节会请老人吃饭）、芳姐（社区领袖）、区五根（社区领袖）、孔宪明（生态画家）。

第三节　老年友好型专业服务评估

WHO（世界卫生组织）对健康的最新定义是人在生理上、心理上、生殖上、道德上和社会上的完好适应状态，即“健康”不单指身体没有疾病，而且指身体、心理、社交和灵性方面都达到平衡的状态，称之为“全人健康”。老年友好型服务（也可称为“老龄友善”服务）的发展必须建立在全人健康评估的基础之上，才可称之为友善。

一、什么是全人健康评估

全人健康评估即以全人健康的各个标准为评估维度，设定相应的评估条目进行专业服务需求评估的一种评估理念及模式，一般用于老年人和学生较多。

健康的概念随着社会的发展而不断演变，工业革命后，人民的健康才成为政府关注的焦点，国家的发展水平也与人民普遍的健康水平相联系。在20世纪60年代，健康这一概念仍以关注身体健康为主；在医疗水平不断提升之后，心理健康成为一个新的范畴；后来人们逐渐认识到社会隔离对人的影响也非常巨大，健康于是又将社会健康的范畴融入进来；社会发展使宗教与心灵健康的区别日益明显，这才产生了全人健康，也就是身、心、社、灵健康的概念。这个概念的核心部分是，健康是全面的概念，身体、心理、社会和心灵健康可以被视为全人健康的有机组成部分，它们互相影响、互为因果。

对老年人来说，身体健康的范畴也许会随着年龄增加而有所衰退，心理健康会受到认知能力改变的影响，社会健康也会随着身体和朋辈群体的改变而发生变化，但是老年人对心灵富足的追求却是永远不变的。因此，全人健康评估理念比较适合老年人专业服务需求的评估。

二、全人健康评估标准

全人健康评估要评估老年人在身体、心理、社交和心灵四大范畴的健康状况，每一个范畴都有本身的评估重点。除此之外，还可以考虑包括人口学基本信息资料、环境因素、经济情况以及服务使用情况等内容。如果可能，建议使用可靠和可信的评估工具。具体评估条件可参考以下内容：

1. 人口学基本信息资料

包括性别、年龄、教育程度、家庭、工作和职业、收入等。这个方面的问题看似简单，但是需要仔细考虑老年人的生活环境以及生活地的文化背景，才能确定问题的选项。

2. 身体健康

一般包括身体健康（慢性病、跌倒、疼痛等）和活动功能（日常生活功能、功能性日常生活功能、衰弱状态等）。这个方面国际标准的评估工具很多，建议使用在老年人中经过效度和信度检验的量表。

3. 心理健康

建议包括认知功能和精神健康状态。认知功能和心理健康是老年人心理健康的重要部分，在小区非医生诊断的情况下，建议运用具备国际比较性，而且在老年人中有效的标准评估量表。可供选择的量表可能涉及收费，敬请留意。

4. 社会健康

包括社交方式和社会支持，这个方面的问题有标准化的量表，但是也需要结合本地的特点。

5. 心灵健康

考虑到普遍性，建议用生命意义方面的量表。不过在这个范畴中还没有特别有权威的量表。

6. 环境风险

以老年友善社区为出发点，环境风险评估不可或缺，建议包括室外和室内风险因素。国际上室内环境风险评估主要由职业治疗师负责，所以如果是在小区进行的普查项目，可以参考相关评估工具。

7. 经济状况

每一个国家或者地区都有自己的退休保障体制，需要按本地情况设定问题。

8. 服务使用情况

评估除了要了解受评估者的全人健康情况外，也希望能发觉未能满足的需求，所以了解服务使用情况也非常必要。小区服务有相当高的地域性，要依照本地服务情况设计问题。

以上的评估标准可供参考，当然每一个服务组织都必须依照本组织的愿景、价值和目标来决定哪些范畴需要包括更多、更详细的问题。

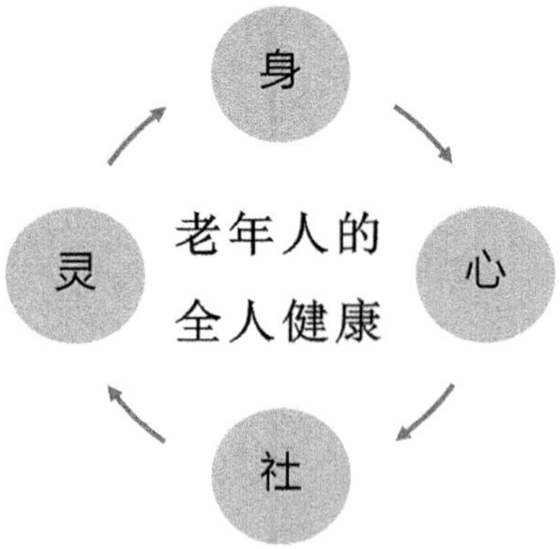

图 7.7 全人健康评估范畴

三、全人健康评估实施过程

要做好老年人全人健康评估，需要遵循以下四个步骤。

1. 与老年人建立良好的工作关系

什么是工作关系呢？工作关系不同于一般的人际关系，最主要的特征是工作关系中包含了关系双方对关系开始、保持和结束的共识。换句话说，工作关系有一个开始，需要经过一个过程，并有一个预期的结束。老年人到访社会工作者所在的服务机构，或者社会工作者家访老年人时介绍自己所在机构的服务，首先必须认同机构的愿景，这样在开始工作关系时才会有明确的语言，明白自己能做什么，也让老年人明确建立工作关系的目标、义务和责任。在这一过程中，特别要说明全面评估在服务配对、质量把关中的重要作用，确保老年人理解他们为什么需要评估，并告知他们，有一些问题可能看起来滑稽、不恰当，但从专业角度出发，所有问题都是重要的，希望老年人能耐心配合社会工作者，共同完成评估过程。日常生活中老年人和家人未必对自身的需求有全面的认识，这也是要进行专业全面评估的重要性。

2. 全面了解、掌握评估工具

为什么要评估？评估后如何解释？这时候工作的临床技能非常重要，例如如何运用非专业语言（老年人能明白的语言）与老年人交流，耐心听老年人、回答老年人提出的问题。也要留意到，如果家人同在的时候，家人与老年人的响应未必完全一致，这个时候，社会工作者要运用同理心不偏不倚地聆听，并记录评估结果；当观察到老年人与其他家庭成员的回答非常不一致的时候，社会工作者如果是初次接触老年人及其家人，可以把不同的响应记录下来，在后续的 2 周做观察，再做最后的正式记录。

3. 深入评估、循环完善过程

开始评估时，可以粗略告知被访者评估的大致内容，之后进行初步评估。完成初步评估后需要仔细回顾浏览评估情况，如果发现在某些范畴上显示出服务需求，但又不明晰，可以进一步作更详细的评估，比如与评估对象就此范畴的个人情况进行访谈，以此循环论证，然后再做决定。

4. 辅以访谈，确保评估结果的准确性

要细心了解老年人自己表达的需求，老年人的需求多数体现在实质帮助方面，例如送饭、看医生、家居清洁等，对自己情绪或者家庭关系的关注比较少。值得注意的是，家庭成员一般比老年服务对象更渴望寻求帮助，老年人可能直接表达没有需要，自己可以照顾自己。对此，社会工作者要耐心聆听，详细记录，不要与老年人或者其家人争论。

此外，社会工作者要运用自己的观察力，观察老年人在评估过程中的表现、与家人的互动，如果发现有任何实时的危险，必须立即深问，并采取措施。因此，机构需具备危机处理的程序。

四、评估结果解析（需求解读）

从服务层面来说，需求可以从四个层面来解读，分别是感受性需求、表达性需求、规范性需求和比较性需求。

1. 感受性需求

指老年人自己感受到的需求。这个在与老年人的日常沟通或者评估时会了解到，多数情况下，如果我们问老年人“您是否有日间照顾的需求”“是否有午餐的需求”“是否有学习使用计算机的需求”，由于问题本身没有设定条件，包括自身的条件（什么情况下）、服务的条件（在哪里接受服务、费用等）以及环境条件（是否有交通工具接送至日间照顾中心、午餐场地，是否提供计算机、上网等），所以如果单凭感受到的需求来设计和发展服务，有可能不准确。那么为什么还需要了解感受性需求呢？原因在于，社会工作者会根据老年人的回应甄别出老年人是否有未能感受到的需求。

2. 表达性需求

主要是看某一个服务是否有等候。例如，如果日间照顾中心在任何时段都有等候人群，那么就会说这个地区日间照顾中心有表达的需求。

3. 规范性（标准化）需求

这个角度的需求会在评估结果中看到，一些标准化量表，例如抑郁症量表、社会支持量表、日常活动能力量表等都曾经过国际研究，建立了人口学的标准，例如多少分数以下或者以上表示有抑郁危险、社会疏离危险、日常照顾能力不足等。本项目中有一些范畴中运用的量表会有参考价值，但是由于本项目的样本量为95，未必能非常准确地显示各个范畴的标准化需求。

4. 比较性需求

在小区居住的人群各有特点，就算特殊群体，也不只是一群人。所以在发展小区服务时，不能只考虑一个特定人群而不理会其他特殊群体的需求，例如儿童、残疾人等。不过我们欣慰地看到，老龄友善的框架不仅对老年人的生活质量有积极的促进作用，而且对所有年龄段的人员都有正面作用，在这个意义上，在小区推动老龄友善的理念和措施时，应该会对所有特殊群体甚至一般人群都有正面影响，有利于协同不同的持份者共同努力。

第八章 “老龄友善”服务培力指南

明确了老年友好型社区实践的路径和老龄友善服务的需求，行动实践和开展服务前首先需要的就是培养专业社会工作者服务老年人的能力，即上一章中提及的结合专业特点推动能力建设。

第一节 社会工作机构的老龄友善培力行动

任何机构或者组织，如果认同建设老龄友善社区的理念，也希望能在社区中作出贡献，可以遵循以下五个步骤，包括确立服务愿景、明确培力目的、设计培力内容和步骤、发展评估机制和设计行动策略。

一、步骤一：确立服务愿景

培力要从确立愿景开始，没有愿景，培力会失去意义和方向，所以机构领导层要在开始时确立培力的员工愿景，并在机构的不同层面获得认同，这样才能够使整个培力过程有据可依。本项目确立了以下四个愿景，仅供参考，各个机构要按照各自机构的愿景和理念来确立“老龄友善”培力的愿景。

（1）机构老年社会工作者能力建设是发展老年友善社区的基础。

（2）机构老年社会工作者能力建设要以解读政策为导向。

（3）机构老年社会工作者能力建设以社区资源联动为契机。

（4）机构老年社会工作者能力建设以综合评估为依归。

二、步骤二：明确培力目的

在确立了愿景后，机构也要明确培力的目的。如果说愿景体现的是较为宏观的理想，那么培力的目的就要具体且具有可操作性。以下四项是可能的老龄培力目标，仅供参考。同样，每一个机构要从自身的特征出发，发展适合机构文化和愿景的培力目的。

（1）机构发展一套能力建设的路线图。

（2）机构同工实时解读从中央到地方到社区有关社会福利和老年社会服务发展的政策。

（3）机构在服务地掌握完整的社区资源地图，并定期更新。

（4）机构发展一套老年人综合需求评估体系，包括问卷体例、问题、编码、需求分析方法，以建立网上平台为最佳。

三、步骤三：设计培力内容和步骤

培力内容要为实现愿景和目标服务，以本项目的愿景和目的为例，我们推荐培力内容包括四大模块，包括政策模块、社区模块、需求模块和实操模块。再次强调，内容是为目的服务的，如果愿景和目的不同，那么内容也必须不同。另外，在设计培力内容的过程中，应与参与培力的员工沟通。换句话说，培力内容的设计需要考虑当时当地机构的处境和机构人员的需求，进而对模块内所涵盖的内容作出调整。

老龄友善培力的步骤要与机构的服务发展和培力内容相配合。以本项目为例，由于本项目是由我国香港地区的一个团队来实现在番禺区的培力，时间跨度为 12 个月，所以培力分三个阶段进行。如果在没有具体项目的情境下，建议将三级培力设计成为长效培力机制。例如新同工到岗，3 个月内需掌握政策模块，6 个月内掌握社区和需求模块，从 4~6 个月进入实操，配备实时督导；从 7~12 个月，尝试独立实操，定时督导，直到 12 个月完成所有模块。当然现实未必能这么理想，人员流动的因素必须加以考虑，建议将课程的教授部分放入网上平台，这样新员工可以随时随地学习。对老员工，也建议在 12 个月内完成所有四大模块的培力。那么应该请哪些老师来参与培力呢？本项目的培力人员为在香港大学任职的老师和研究团队成员，参与培力的同工大多数为社会工作背景，在一线服务。当然如果能在本机构中发掘有潜力的同工进行培力，只要能力匹配，是完全可行的。

四、步骤四：发展评估机制

培力的参与者对培力过程的反馈是培力能持续进步的保障，所以在每一次培力后，建议采用问卷调查的方式，获取参与者对培力内容、形式和场地安排的反馈，以促进下一次的培力更能符合参与者的特质。当然在机构日常会议或者督导中，也建议收集培力反馈意见，反馈到组织或者机构层面，实时改善。

五、步骤五：设计行动策略

最后，组织要设计推动“老龄友善”培力的行动策略，主要是考虑如何能以最优化的培力模式，让参与培力的同工能更认同“老龄友善”的愿景和目的，并通过参与提升个人和组织推动老龄友善社区的能力，培力策略要以最配合参与者的方式来进行。以本项目为例，参与培力的多数为年轻的一线同工，有一定的工作经验，也受过大专以上教育，所以培力超越传统的授课形式。将封闭训练与沙龙工作坊有机结合，在三个阶段的培力中，系统安排老师短讲、博士团小导师陪练、工作坊案例研讨、情景模拟会、线上线下畅联等方式，以配合实务的指导，包括社区资源地图实务练习培训、评估调研重温、反馈答疑课程等。

第二节　“老龄友善”培力内容——正阳社工的案例分享

2016 年 7 月至 2017 年 11 月，番禺区正阳社会工作服务中心与香港大学秀圃老年研究中心合作开展“建设中国城市老年友好型社区实证初探”研究项目，在明确目的、找准定位后，于 2016 年 9 月开始至 2017 年 10 月期间，秀圃中心楼玮群教授团队为正阳社工团队设计开展了系列老龄友善服务能力培训，包括初阶培训一期 3 天、中阶培训二期 2 天、高阶培训三期 3 天。培训内容从老龄友善服务背景（老年友好型社区建设）、服务需求评估到服务需求设计及开展指导，包含了老龄友善服务社会工作能力培育的各方面。

“建设中国城市老年友好型社区实证初探”项目的核心目标是通过老年人服务需求评估的背景分析、工具修订、调研实施、调研结果分析及应用等一系列的示范，来培养正阳社工的实务研究能力，尤其是老年社会工作服务的研究发展。鉴于此，三阶培训的核心内容分别是：初阶主要掌握背景分析、政策解读，以及了解学员当下能力及培训需求；中阶掌握需求评估工作设计修订相关的技术；高阶学习研究结果的分析及应用。

一、初阶培训内容

按照培力计划的设计，初阶培训的主要内容和目标是带领学员重识老年社会工作的初心，掌握分析当前老年社会工作服务大背景和评估老年人群体服务需求的能力，在此基础上推动学员结合自身服务经验习得服务项目的设计和品牌打造的理念和思路。以下为初阶培训的精选内容。

1. 课程安排

第一天：回归初心，聚焦专业。老年社会工作的社会基础和专业价值；实证为本的老年社会工作和老年社会工作者的三层能力范式；“我们”的优势和愿景。

第二天：实证服务，评估先行。老年人综合需求评估；专业评估“我们”做得到。

第三天：打造品牌，协同卓越。项目研发和设计；“我们”的目标和行动。

2. 社会基础：高速发展、借鉴创新

（1）政策：全国/地方政策——“十一五”规划。

（2）资金来源机制：政府主导、多渠道准入，地区孵化、多行业涉足。

（3）行业环境：理念上占优势，行政上要竞争，操作上百花齐放。

（4）专业发展：教育与实践“两驾马车”，标准和运作尚待磨合。

3. 政策解读：碎片化

“近年来中国养老服务政策不断丰富，推动养老事业发展的制度环境

逐步走向完善。然而养老服务政策还比较零散，呈碎片化状态，欠缺系统性，且政策出台的时机、节奏和背后的逻辑也看不出一个完整而清晰的脉络。”①

例如，《国务院批转国家发展改革委关于2016年深化经济体制改革重点工作意见的通知》（国发〔2016〕21号）中提到有关养老金制度的内容，“深化社会保障制度改革。加强顶层设计研究，完善个人账户制度，研究城镇职工基础养老金全国统筹方案，制定渐进式延迟退休年龄方案。继续推进机关事业单位养老保险制度改革。研究建立基本养老金合理调整机制。制定划转部分国有资本充实社保基金实施方案。研究适当降低社会保险费。”

4. 服务模式：零星、碎片化

居家养老服务从碎片化发展至我们希望构建的具有个案管理体系的系统化状态，应该打破民政部门单一负责的现状，建立各部门协同的机制，这将涉及服务的主要内容、评估、转接、供给以及监督等各个方面，比如构建老年人护理分类分级标准，就是民政和老龄办共同在关注的事情。希望内地能借鉴养老服务先行国家及地区的经验，在不同分类的养老服务中发挥各专业服务团队的作用，比如充分发挥社会工作的力量来推动发展社区居家养老服务。

5. 国际视野

（1）多样性（年龄、家庭、健康、种族等）。

（2）不平等性（地区、经济、福利等）。

（3）不对称性（旧制度、新人群）。

（4）不均衡性（改变中的老龄化社会）。

6. 聚焦服务：实证为本

何为实证为本？实时了解需求：大数据+小故事；限时精准服务：社工领+义工进；长时协同支援：家庭结+社区链。实证为本的六个实操流程：评估服务对象、提出正确的问题、观察证据、评价证据、运用证据、

① http：//theory. people. com. cn/n1/2016/0310/c40531-28187215. html.

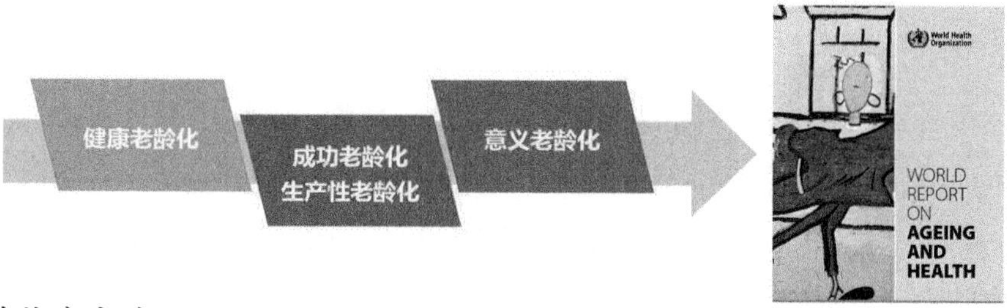

评估临床实践。

7. 老年社会工作核心能力——三层模式“七块肌肉”

（1）知识：如老年人常见病。

（2）态度：如愿意接受不同的观点来提升工作。

（3）个人属性：如关注服务对象的行为。

（4）专业关系：如医患关系。

（5）评估和计划：如精准发现服务对象的行为问题。

（6）执行和检验：如协同式提供服务。

（7）结束和跟进：评价服务的有效性。

8. 回归初心、聚焦专业

（1）对象：家庭中的老人。

（2）目标：9073/9064。

（3）过程：实证为本。

（4）策略：积极勉强。

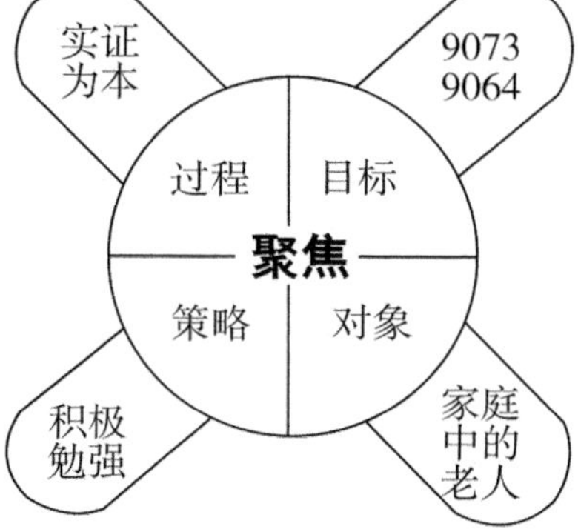

图 8.1 老年社会工作聚焦内容

二、中阶培训内容

中阶培训主要内容包括：精准定位服务对象、调研了解其配套服务需求，以及调研工具制定和调研过程演练等，设计“能力提升—实务技巧演练—能力深化—解惑巩固”的教学模式，很好地确保了学员掌握内化主要内容的既定目标的实现。以下是详细内容的介绍。

1. 课程安排

第一天：能力提升，实务技巧演练。

第二天：能力深化，解惑巩固。

2. 老年人综合性需求评估

老年人综合性需求评估是一个多维度的跨学科诊断过程，用于确定体弱老人的医疗、心理和功能能力，进而制订一个协调和综合治疗计划和长期随访。要确保受评估者理解他们为什么需要评估，并告知他们，有一些问题可能看起来滑稽/不恰当，但对他们来说，完成评估很重要。评估的核心目标包括：当下的风险识别——干预，优势识别/风险排序——目标设定，探索服务匹配的偏好和目标。评估内容有房屋、精神健康、疾病和临床症状等。

（1）房屋内容：

对象：早期认知衰退/摔倒风险

· 居住安排和变化

· 共病，服用精神科药物等

· 心理健康

· 活动/自主性

· 环境风险

· 服务计划

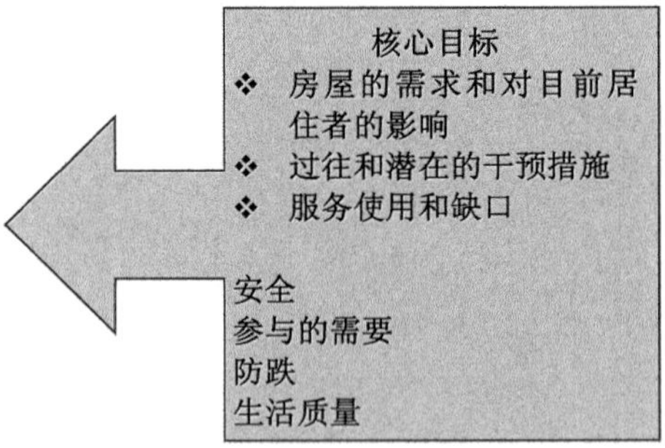

图 8.2　跟进评估Ⅰ——房屋内容

（2）精神健康：

· 精神健康服务史

· 精神状态

· 药物滥用/极端行为
· 对自我和他人的伤害
· 行为
· 压力和创伤
· 服药
· 社会关系
· 认知

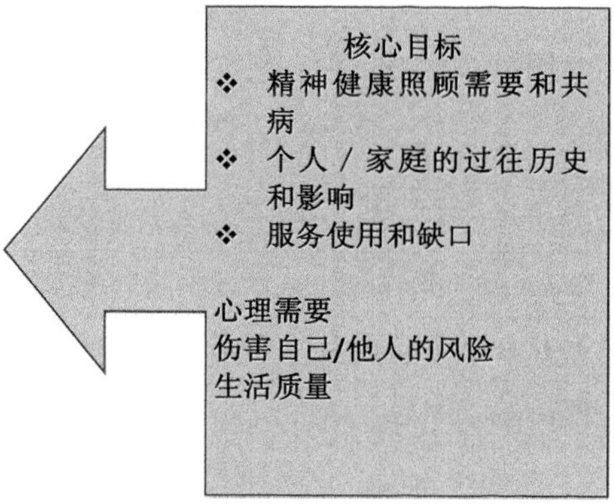

图 8.3 跟进评估Ⅱ——精神健康内容

（3）疾病和临床症状：

· 功能状况（自我照顾，社区生活）
· 排尿
· 确诊疾病
· 疼痛
· 跌倒
· 吞咽
· 健康状况自我评价
· 营养情况
· 皮肤状况
· 语言和交流
· 服药情况
· 治疗情况
· 专科就诊情况
· 亲属照顾情况（压力/多元化负担/身体和精神健康）
· 其他服务使用情况

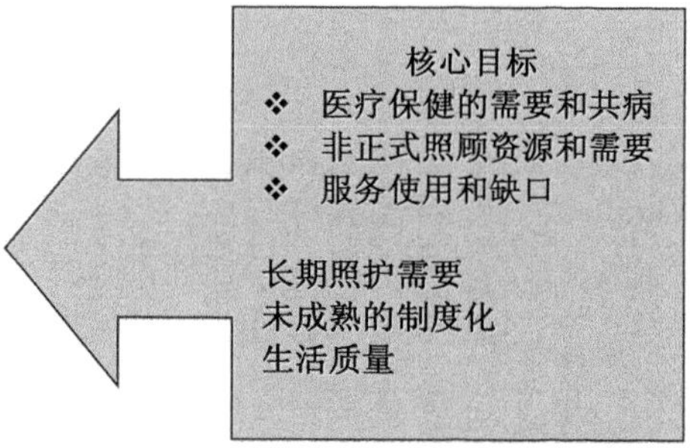

图 8.4 跟进评估Ⅲ——疾病和临床症状内容

表 8.1 长者需求评估工具比较

Domains（类别）	Inter RAI-HC	上海市老年照护等级评估	正阳项目问卷
Identification information（个人基本信息）	√	√	√
Communication and insight（沟通和视力）	√	√	√
Emotion and behavior（情感和行为）	√	√	√
Psychosocial well-being（心理健康）	√	√	√
Functional Status（功能状态）	√	√	√
Continence（失禁）	√		
Disease diagnoses（诊断病症）	√		√
Health Status（健康状况）	√		√
Oral（口腔健康）	√		√
Nutritional（营养水平）	√		
Skin（皮肤）	√		√
Medications（服药情况）	√		√
Social support（社交支持）	√	√	√
Environmental status（环境状况）	√	√	√
Discharge（转介建议）	√	√	
Caregiving Status（被照顾情况）		√	√
Active Ageing Activities（积极老化的活动）			√
Social service utilization（社区服务的使用状况）			√

3. 社会研究的四类目的

（1）探索未知、全新的问题。

（2）深入描述事件之间的关系或某个问题、情境。

（3）解释具体事件或情境为什么发生或者为什么以特定的方式发生。

（4）评价某个项目/政策是否有效。

表 8.2　社会研究的类别与特征

	定量研究	定性研究
方法	通常为演绎法	通常为归纳法
研究问题	在收集数据之前已经形成并完善	在收集数据过程中形成并完善
路径	线性	非线性
主要目标	检验开始时提出的假设	揭示/描述社会背景的意义
概念和思想	以不同变量的形式来表达	以主题或主线的形式来表达
测量	在收集数据之前计划准确的测量法	在收集数据时创造特殊的测量法
数据	数字形式	语言或图像形式
理论	大多是因果	可以因果或其他
数据分析	包括表示数字之间关系的统计量、表格或曲线图	通常包括对社会背景进行详细描述的叙述式的故事

4. 测量：重要的量表

（1）李克特（一般态度测量）：利用不同等级的回答来表示赞同/支持的程度从而表明态度。

（2）波格达（社会距离测量）：表示对外群体不同水平的社交亲近的接纳。

（3）语义区别（间接的评价测量）：利用多个成对形容词的隐含意义来表明主观情感。

（4）格特曼（回答结构测量）：判明一组项目是否符合层级模式。

5. 精准测量：信度和效度

（1）信度：测量的方法或者工具前后一致性、可靠性。清晰地进行概念化；提高测量的等级；采用多重指标；采用预备试验和重复。

（2）效度：表示真实性。描述测量的现实与用以理解这一现实的观念之间的匹配度。包括三种测量效度：

表面效度——依据专家的判断，确定指标是否真正地测量到其所要测量的概念。

内容效度——概念式定义，包含多个维度的“空间”，能够描述这个概念空间里所有维度的测量方法就具有较高的内容效度。

效标效度——使用一套标准或效标来表示某一个概念。

三、高阶培训内容

高阶培训分上、中、下三节，上节主要是针对学员开展的老年人全人健康调研结果的分析示范；中节主要是提升学员的老年社会工作专业能力（以照顾者服务为例）；下节主要是首尾呼应讲解老年友好型社区服务指标的解析与老年人社会工作服务（以长期个案管理为例）。以下是培训内容分享。

（一）高阶培训（上）精华内容

1. 课程安排

（1）心得体会。

（2）报告解读。

（3）数据再读。

（4）未来已来。

2. 心得体会

调研的过程如何自读：如何接触到调研对象，调研对象对调研过程的反应如何，最困难的问题有哪些，调研的过程有什么新的发现，数据的录入体验如何。

调研的数据如何自读：数据需要与什么关联，数据分析包括哪些步骤，分析的逻辑是什么，每一项分析由哪些部分组成，如何用图表说话。

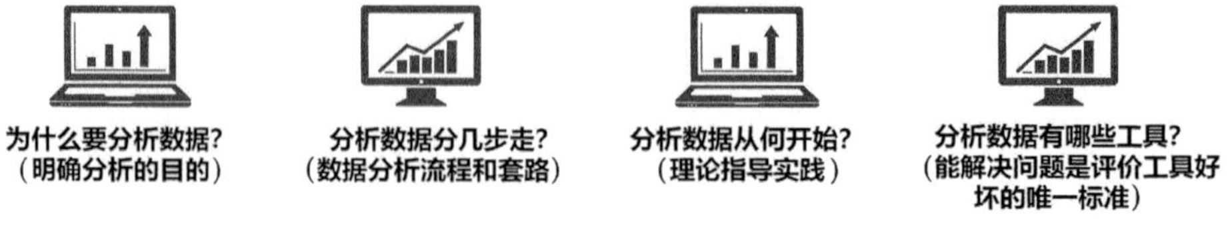

3. 报告解读

（1）结果分析。包括身体功能和临床症状（慢性病患病情况、日常活动和功能性困难、依靠他人的情况及健康状况）、精神健康（认知情况、抑郁、孤独）、社会健康（非正式照顾他人的情况、志愿服务、社交支持)、环境安全（社区环境、居家安全)，等等。

（2）实证为本的服务发展建议。

首先，精准定位：社区老年服务金字塔。

其次，品牌建设：统合发展、社会工作者主导的品牌项目和机构协同的品牌项目。

统合发展：第一，对老年服务的使命、愿景、价值进行统一定位；第二，在宣传推广方面，做到行动一致；第三，在社区倡导的延伸层面，要多方资源联动，关联到养老专项服务发展的目标达成上，变资源为资本，带动品牌的迭代和优化。

机构协同的品牌项目。例如：调研结果显示，5.3%的老人有可能有抑郁症状。对此，可以推行“个案经理人”（case manager）计划，帮助老人规划晚年生活，联动社区资源，打造老年友好型社区；对有较高风险的老人及时跟进或转介。

调研结果显示，照顾配偶的情况占26%，照顾父母的占13%，照顾子女的占22%，照顾孙子女的占35%。因此，建议发展“照顾者支持计划”品牌服务。如在照顾认知障碍的老人时，要考虑劳损、老年病的基本知识、认知障碍症等照顾方式。

调研结果显示，肩颈/腰椎疾病、高血压和关节炎/风湿病三大慢性病高发；跌倒率达8.3%；“一年内健康变化”中23.9%的老人报告自身健康转差。因此，建议发展慢性病管理等医养结合服务，整合资源，发挥老年社会工作服务中“协同”的能力——协同社区卫生健康部门投放资源和安排服务。

（二）高阶培训（中）精华内容

1. 照顾者需求初探

（1）照顾者面对的困难：缺乏对疾病和照顾技巧的认识，缺少支持，过分承担，减少与外界的接触，生活模式受影响，身心疲惫，过分自责产生无助和内疚感，角色冲突，家庭冲突，等等。

（2）亲属学习照顾的重要性：学习照顾技巧可以使日常照顾工作事半

功倍；参与课程及支持小组，保持照顾者的个人发展及社交生活；找同路人，互相学习、互相扶持。

（3）鼓励家人参与，促进有效沟通。家人的理解、帮忙及参与令照顾者知道自己并不孤单，家人如果可以在照顾者疲惫时代替照顾者照顾长者，照顾者就可以更持续地发挥照顾功能。分担照顾工作后，需要更多协调及沟通的空间，若沟通不善，负面情绪更多，互相影响。

2. 撰写服务项目计划书

（1）服务项目计划书的意义：以有效的方式满足服务对象的需求，探索服务对象未被满足的需求；评估现有服务，发展新服务；辨别最佳的服务策略（EBP），为服务对象提供其所需要的服务。

（2）小组合作设计服务项目计划书。如祖父母需求及隔代养育、家庭成员跌倒与康复、配偶患脑退化症、高龄女性长者照顾。

表 8.3 服务项目计划书结构示例

服务项目计划书结构示例
标题
需求阐述
· 列举相关数据、社会现象或社会问题，以突出该服务项目的意义及实施的必要性
· 该服务项目的目标和愿景
· 该服务项目如何成为解决上述社会问题以及满足某一特定群体（或社区）需求的途径之一？
· 上述需求或社会问题是亟待解决的吗？为什么？
· 该服务项目怎样来解决上述社会问题以及满足服务对象的需求（需阐述其为何优于别的服务项目）？
项目描述
· 目标群体 ◊ 服务对象准入条件 ◊ 服务对象排除条件 ◊ 项目推广策略 ◊ 服务对象招募过程 ◊ 服务对象人数

续表

服务项目计划书结构示例
· 项目目标（可量化） ◊ 行为目标 ◊ 绩效 ◊ 作用 ◊ 项目产出
· 介入方法 ◊ 如何介入（活动次数及内容） ◊ 何时介入（活动间隔） ◊ 为什么选用该介入方式（活动内容如何体现项目目标）
· 人力资源与行政 ◊ 社会工作者数量、分工及工作时长 ◊ 社会工作者资质 ◊ 薪资 ◊ 志愿者
· 评估 ◊ 结果评估 ◊ 过程评估
· 服务项目的可持续性 ◊ 服务项目和机构的长期财务支持可行性 ◊ 服务项目开始及结束日期 ◊ 服务项目如何做到自给自足 ◊ 服务项目如何进一步创造收益
预算
· 服务项目支出
· 服务项目收入及财政支持
· 预算阐述
机构信息
· 预算阐述
· 机构愿景
· 该服务项目与机构愿景的一致性
· 机构架构、已有项目、服务特色及领域

续表

服务项目计划书结构示例
· 理事会成员
· 理事会成员的招募途径
· 理事会成员分工
· 志愿者职责
· 机构人数及专业服务架构

（三）高阶培训（下）精华内容

1. 老年友好型社区服务指标解析

（1）WHO：长者友善城市的范畴。

建筑环境，包括室外空间和建筑、交通、住所。

社会环境，包括社会参与、尊重和社会包容、社区参与和就业。

社交及健康服务，包括信息交流、社区支持与健康服务。

（2）中国：健康老龄化与老龄友善社区建设。“十三五”国家老龄事业发展和养老体系建设规划。

表 8.4　“十三五”养老体系建设指标

类别	指标	目标值
社会保障	基本养老保险参保率	达到 90%
	基本医疗保险参保率	稳定在 95%以上
养老服务	政府运营的养老床位占比	不超过 50%
	护理型养老床位占比	不低于 30%
健康支持	老年人健康素养	提升至 10%
	二级以上综合医院设老年病科比例	35%以上
	65 岁以上老年人健康管理率	达到 70%
精神文化生活	建有老年学校的乡镇（街道）比例	达到 50%
	经常性参与教育活动的老年人口比例	20%以上
社会参与	老年志愿者注册人数占老年人口比例	达到 12%
	城乡社区基层老年协会覆盖率	90%以上
投入保障	福彩公益金用于养老服务业的比例	50%以上

“十三五”期间老年友善服务发展相关纲领与策略包括：

其一，推进老年宜居环境建设。推动设施无障碍建造和改造；营造安全、绿色、便利的生活环境。

其二，丰富老年人的精神文化生活。发展老年教育；繁荣老年文化；加强老年人精神关爱。

其三，扩大老年人的社会参与。培育积极老龄观；加强老年人人力资源开发；发展老年人志愿服务；引导基层老年社会组织规范发展。

2. 长期照料与个案管理

（1）什么是长期照料？

The Pepper Commission（1990）认为：长期照料是一系列的服务组合，以满足因慢性病或慢性状况而失去独立功能的个体需求。这一系列服务包含对基本活动及日常生活需求（例如：洗澡、预备饮食、居家清洁工作、个人卫生等）的支持与照护。

Brody（1977）认为：当服务对象因慢性病或心理疾病所形成的身心障碍而进入各类长期照护机构时，针对这些服务对象的需求而设计照料内容，提供诊断、预防、治疗、复健与支持性及维护性的一系列服务，即为长期照料。

美国联邦政府（1988）提出：长期照料包含诊断、预防、治疗、复健、支持性与维护性的服务，提供给罹患慢性病和精神病的个人；这些服务可由不同机构和非正式机构提供，如慢性病疗养院、伤残复健中心、安养院、护理所及家庭等，以提高服务对象的身体、社会、心理等功能为目标。

邹孟婷（2002）则提出：针对因身体活动功能或认知受损而慢性失能，致日常生活无法独立自理而须依赖他人者，在一段长时间内，提供包含医疗与生活照护的支持系统，主要服务对象可居住于社区或机构中，目标是增进及维持其独立功能。

（2）有长期照料需求的老人，需要由多个部门、多个专业协同构成的制度性安排与服务。正规化和专业性是长期照护的显著特征。

长期照料的基本理念是：尊重人们对独立性与自主性的追求；老年人倾向于居住在他们熟悉的社区环境中；统筹并协同来自多个服务提供者、多种财政资源的长期性、连续性的服务。

长期照料的重点和原则是：以最恰当、最有效的方式提供照料；所提供的服务应符合老人或照料者的需求；尊重服务对象的选择；以实证为本的实践模型来指导服务；提升服务使用者的生活及照护品质，促进其自我改进；在连续性的服务过程中找准评估的切入点。

（3）长期照料的基本框架，详见图 8.5。

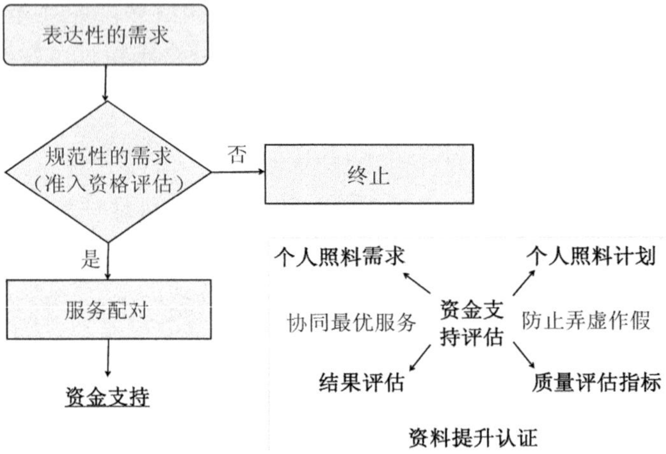

图 8.5　长期照料基本框架

（4）个案管理与社区资源地图，详见图 8.6。

例如，钟村社区可挖掘的资源有：公共设施及公共活动空间，公共为老服务点，医疗机构、康复中心，社会组织，娱乐休闲，文化资源与传统活动，志愿者资源，名人。

图 8.6　个案管理与社区资源地图

第九章 “老龄友善”社会工作服务实践

广州市番禺区正阳社会工作服务中心于 2011 年底在番禺区民政局登记注册成立，2012 年初开始承接家庭综合中心（现称社工服务站）服务项目，并依托家综服务平台开始策划开展社区老年人社会工作专业服务，发展至今已持续实践老年社会工作服务近十年，经历了探索期、深耕期、升级期和发展期四个服务发展阶段，其间经验与反思应是老年社会工作发展必经的过程，在此一并分享，以期推进中国社会共建老龄友善社会工作服务实践发展。

第一节 正阳社工的老年社会工作服务实践历程

正阳社工秉持“公益为民、帮困匡弱、激能自助、共建和谐”的服务使命，坚持以老年人需求和福祉为指导，在党建引领服务的核心动力推动下，已扎根番禺区实践老年社会工作服务近十年，迄今共经历了以下四个阶段及主要发展内容。

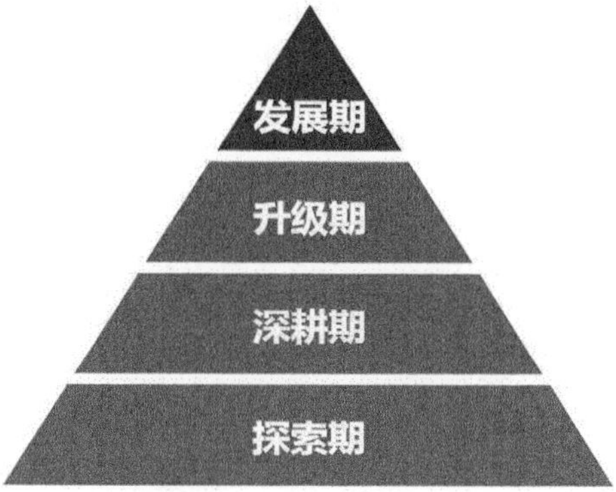

图 9.1 正阳社工养老服务发展历程（2012—2020 年）

探索期（2012—2013 年）：主要通过主题特色服务的形式尝试推出精神文化娱乐和健康养生两大主题的社区老年人特色服务，探索社区老年人服务的需求匹配、服务设计和服务实施。

深耕期（2013—2016 年）：结合前期探索，通过老年人社会工作服务专项小项目，深入开展各类服务满足老年人社区生活的健康、社交、就医、价值发挥等需求，以此促进老年人的身心健康。

升级期（2016—2017 年）：开始反思并尝试通过实证为本的实务研究寻求社会工作专业养老服务的独特发展定位。

发展期（2017 年至今）：提升老年社会工作者的专业服务和实务研究能力，通过居家环境改造、社区居家养老等专项服务聚焦老龄友善服务体系的打造和积极老化理念的推广，并通过专业发展研讨会等形式分享实践经验、推动行业同人共建老龄友善服务。

表 9.1　不同时期的服务主题和内容

类别	发展主题	主要服务
尝试探索特色服务	康娱服务、常规服务培育出社区社会组织	• 建立长者聚集地：钟村中心怀旧阁，“我的地盘我做主” • 孵化沙头中心表演队、东环中心歌唱队、舞蹈队、丝网花协会、健老探访队
	健康主题服务	• 义诊发现—讲座—专业小组—探访介入 • 长者健康档案（关注高血压等常见慢性疾病患者，防跌、预防脑退化症支持性服务）
发展专项深耕服务	以家综为平台，康娱—健康—社区照顾、健康+互助的转化，提升专业性	• 九州夕阳红，社工在行动（2013—2014） • 健康新生活，快乐不倒翁（2014） • 东环居家养老服务，健康小屋（2015） • 健康“邻”距离——社区养老互助项目（2016）
实证为本实务研究	以本书第一卷所述研究数据为依据，实时了解需求、顶层设计、调研咨询方案	• 与香港大学秀圃老年研究中心合作——社会工作能力建设、服务总结提炼、顶层设计服务支持 • 与顺德区政府合作——居家养老市场化调研项目 • 与招商局基金会合作的社区长者调研项目

续表

类别	发展主题	主要服务
提升能力聚焦发展	提升社会工作者的服务和实务研究能力；开展示范性服务专项；分享经验推动共建老龄友善服务	• 东环街社区居家养老综合服务项目（2016—2020） • 榄核镇社区居家养老综合服务项目（2017—2020） • “步步平安——长者居家防跌安全计划”项目（2018—2019） • “新时代，初心不改”社会工作养老服务专题研讨会（2019） • “共商共享·协同助力”社区居家养老服务发展研讨会（2020） • 石壁街社区居家养老综合服务项目（2019—2020）

表 9.1 罗列的是正阳社工近十年来具有代表性的老年社会工作服务实践项目和行动，后三节将针对近三年的代表性项目进行详细阐述，分别包括实务研究项目、社区居家养老服务、居家环境改造以及专业发展研讨会。

值得特别指出的是：以下三个实践案例依然是“建设中国城市老年友好型社区实证初探研究”项目影响力持续发挥的成果。2016 年底研究项目收官时期，“广州正阳”及秀圃老年研究中心作为整体研究团队，凭借该研究项目丰富专业的产出，获得招商局慈善基金会的资助，开启了专业实务研究之路；2017 年，广州正阳联合在地政府与服务区域广州市南沙区榄核镇策划开启了为期三年的镇街（城乡）居家社区养老专业服务一体化项目，项目服务需求的把握及服务内容的设计大部分源于该研究项目；2018 年，“广州正阳”在番禺区慈善会资助下策划开展了“步步平安——居家安全改造”服务项目，项目背景及设计均源于该研究项目。

第二节　老年人生活现状与服务需求评估项目

2017年3月开始，由招商局慈善基金会资助、招商蛇口养老业务部监管、香港大学秀圃老年研究中心指导、广州市番禺区正阳社会工作服务中心执行的养老服务研究项目“长者生活现状评估与服务模式探索项目”正式开启。该项目在深圳蛇口和广州番禺两个区域执行，旨在开发一套以人为本、适合中国内地社区居住长者的养老服务评估体系，运用与了解社区长者的生活现状，评估其社区养老服务需求，并探索如何实现社区养老服务资源与需求的匹配，从而实现资源、需求和服务的整合，提高社区长者的生活质量，助力乐龄时代的全方位建设和实现，并携手社会共享全民健康老龄化。

一、项目概括

“长者生活现状评估与服务模式探索项目”结合了健康老龄化的相关理论，通过行动式混合研究的设计方法，建立了长者生活现状和服务模式探索评估体系，探索了老年人需求和服务的应对策略。以标准问卷调研、焦点小组访谈、社区地图绘制的方式，运用量化数据处理，扎根理论分析后，总结归纳了影响长者生活质量及健康老龄化的三个主要的因素：基本保障、健康状况和社会创新。于社区长者而言，基本保障是其养老生活的基石，健康状况是保证其养老生活体验的要素，而社会创新是全方位提升其养老生活的必要途径。

其中，正阳社工负责的部分主要包括：调研工具的修订、问卷调研实施、焦点小组策划安排、社区资源地图绘制，召开项目联席会议和专家论证会、项目成果发布会等，以及项目其他部分的协助和配合。

二、行动策略

本项目的实施即行动策略分为三个部分：问卷调查、焦点小组和绘制资源地图。其中，问卷调查收集普适性的老年人需求量化信息，焦点小组梳理特殊性的老年人服务需求质性资料，资源地图的绘制整理满足老年人需求的社区资源分布情况。此外，为确保行动策略的有序性和有效性，项目特设联席会议机制和专家论证会机制，具体实施过程和内容如下。

1. 建立队伍

本项目调研人员的组建考虑了以下三个标准：（1）专业知识；（2）养老服务经验；（3）研究或调研经历。根据这三个标准“广州正阳”组建了一支30人的调研队伍，队伍成员所学专业涵盖社会工作、心理学、护理等；80%从事养老服务至少两年，50%从事养老服务四年多；80%参与过至少一项养老服务的相关研究和社区调研。依据上述三项原则建立了一支30人组成的调研队伍。

2. 评估能力培训

针对项目问卷调查、焦点小组和绘制社区资源地图的研究方法，在正式开展调查后，香港大学秀圃老年研究中心的专业研究人员组织了4场调查员素养的培育，最终筛选出25名合格的评估人员执行调研工作。以下是培训现场图片。

3. 实施调研

（1）问卷调查。通过25名调研员+10名协助员，历时4个月，共开展集中调研（调研对象与调研员3：1进行调研）40场，特殊调研对象一对一深访调研60人次，共回收问卷1000份，有效问卷820份。以下是调研现场图片。

（2）焦点小组。通过专业调研人员和社区机构的配合，组织了4场焦点小组，针对长者的个性化需求深度探讨和记录。过程中采访到很多小故事，下面分享一个小故事。

郭阿姨，62岁，女，天津人。与老伴住在东环街富豪山庄，有一子一女，不同住。郭阿姨年轻时经常锻炼身体，退休之后身体状况大体还算不错，属于“大病不犯，小病不断”的状态。小病小痛本来不是一件大事，但现在却成了阿姨的大困难。目前郭阿姨所住小区附近有一家私立医院，但是由于没有公交车直达，郭阿姨每次感冒、发烧的时候只能步行15分钟到公交站，再坐15分钟公交去医院排队看病。郭阿姨每次都得为了10分钟的诊治，花费半天的时间。

郭阿姨目前最大的期望就是，如果能够在小区内设立一个给长者提供慢性病管理、日常护理、疾病诊治等医疗服务的社区卫生院，那她就可以不用为了一点小病花费半天到一天的时间。可见，长者的身体状况日渐衰退，如何更加便捷地享受到日常医疗服务，成为长者最实际、最迫切的需求。

（3）资源地图绘制。通过社区走访及长者访谈，梳理社区养老服务资源，根据政策类资源、健康类资源、便民服务资源等绘制资源地图。

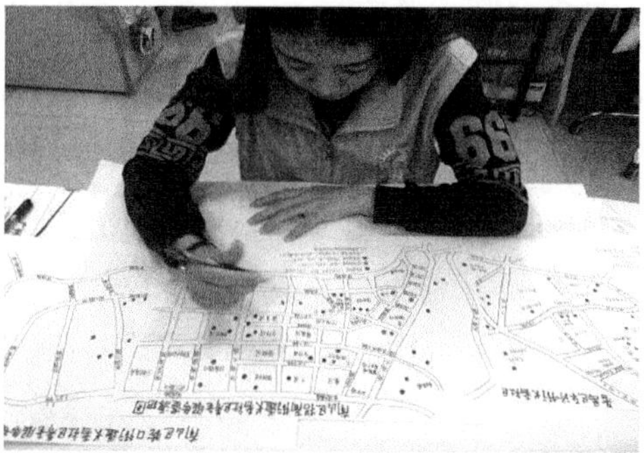

4. 联席会议

为了确保项目实施的有序性，项目设置联席会议制，约定每月召开一次联席会议，在会议上就项目进展、当前主要问题、项目遇见阻碍、项目初步成果等情况进行汇报及协商，以促进项目有序进行。自项目正式启动以来，共开展了10次联席会议。

5. 专家论证

为保证实施过程的有效性，项目共举办了两场集合了广州、深圳两地养老政策和服务行业相关的数十名专家，针对项目的进程及阶段性产出予以论证并提出改进建议。

三、项目成果发布会

按照“长者生活现状评估与服务模式探索项目”合作协议协商，本项目的成果发布会交由正阳社工全面负责组织策划工作。以下是项目成果发布会圆满召开的相关信息。

发布会主题：共享·共建　新乐龄时代

——新时期大健康背景下区域性养老服务资源与需求匹配的路径探索

2017年12月19日下午，由招商局慈善基金会主办、广州市番禺区正阳社会工作服务中心承办的“共享·共建　新乐龄时代——新时期大健康背景下区域性养老服务资源与需求匹配的路径探索”项目成果发布会在深圳市南山区招商局港口大厦22楼举行，来自广深港等多地关注养老和大健康产业的150名各界代表受邀出席。通过项目成果发布、主题分享、圆桌论坛等多种形式探究未来长者需求和服务的应对策略，以期结合长者实际需求，推动形成更合适的中国式养老模式。

据了解，“长者生活现状评估与服务模式探索项目”由招商局慈善基金会资助、招商蛇口养老业务部监管、香港大学秀圃老年研究中心指导、广州市番禺区正阳社会工作服务中心执行。该项目于2017年3月开启，在广州番禺和深圳蛇口两个区域实施。“广州正阳”先后举办相关培训4场次，建立起一支25人的长者服务调研队伍，并通过设计一份适用于本土地区养老状况评估的调研问卷，完成长者生活现状评估与服务模式探索调研40场，回收问卷1000份，开展长者焦点小组4场，并收集养老服务需求信息，其间组织召开2场关于项目调研的专家论证会，指导项目完善并对后续实施进行规划。

招商局慈善基金会常务副秘书长黄奕从“乐龄”的含义到“十三五”

养老规划指引等行业背景出发，介绍招商局慈善基金会从服务需求出发，协同高校研究中心、社会工作服务组织及养老服务企业发挥各方优势完成了此次调研项目，帮助老年人士真实地表达自身实际需求，期望以此项目作为起点，吸引社会各界同伴各显所能，携手共建乐龄新时代，让每一位乐龄人士都能实现舒适便利、健康积极、从容自信、充满活力的晚年生活。

招商局蛇口工业区控股股份有限公司副总经理张林亦在致辞中高度肯定了本项目的社会效应及产业带动效应，他表示“调研本身不是目的，我们共同协作开展本项目的根本出发点是推动老年产业、老年事业的发展”。

招商局蛇口工业区控股股份有限公司产园发展产业孵化中心副总经理、养老业务部总经理许凌云围绕主题“共享·共建 新乐龄时代”汇报了项目成果，立体呈现了项目的施行情况、产出和重要结论。

项目成果包括合作模式、评估体系、数据成果、需求清单和资源地图。

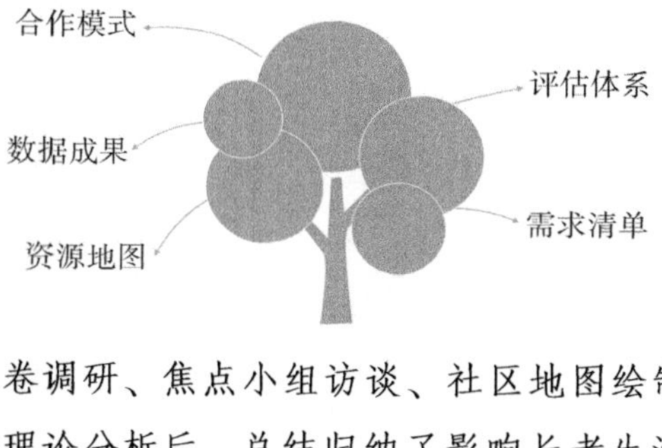

项目以标准问卷调研、焦点小组访谈、社区地图绘制的方式，运用量化数据处理、扎根理论分析后，总结归纳了影响长者生活质量的三个主要的因素：保障、健康和社会创新。

1. 基本保障是长者健康老龄化的基础

对保障和教育、婚姻状况、居住状况、抑郁情况和生活质量相关分析后，结果显示，未受过教育、从未结婚、没有自住房、高抑郁和生活质量差与没有保障相关度高。

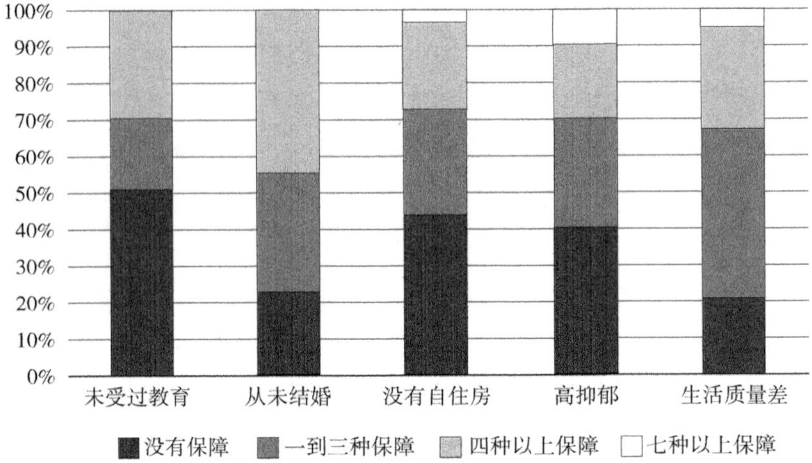

2. 跌倒是长者健康老龄化的公敌

慢性病、社会环境、牙齿问题和情绪都与是否跌倒关系密切，且跌倒过后，又会对长者的健康、社会关系负面加成。

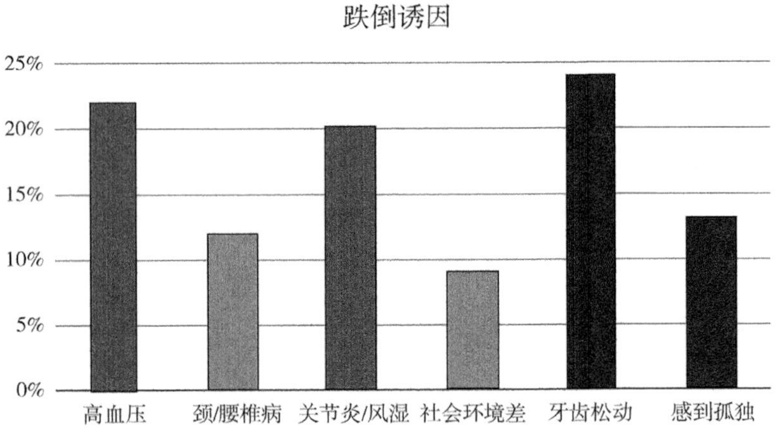

3. 社会创新是全面适老化的新生态

调查显示，长者义工参与意愿不高，参与义工也并没有改善其总体生活的质量。同时，社会环境在提高长者生活质量方面并没有发挥最高效能，已有的方式已经无法有效地提高长者的生活质量。

香港大学秀圃老年研究中心主任楼玮群称，该项目希望通过对基本保障、健康状况和社会创新三个层面的深度发掘，协同社会各界力量共享共建新乐龄时代。

香港基督教家庭服务中心董事会主席、项目公益金拨款及分配委员会副主席关锐煊教授通过实际案例分享了对待长者需倾听与关爱并存，切实获取并考量长者自身所表达的需求，以契合服务模式的设计及创新。

广东省社会组织总会常务副会长、广州社会组织学院行政院长唐国平在主题演讲中指出，长者的基本保障、健康状况和乐龄生活都需要具有社会创新意识和实践精神。

在圆桌论坛中，由广州市番禺区正阳社会工作服务中心总干事郝耀主持，黄奕女士、张林先生、刘伟先生、楼玮群女士、梁绮雯女士、钟伟棠先生、张博先生组成的专家团，就如何推动社会创新、协调各方力量共建新乐龄时代展开深度的讨论。

发布会前除发布项目成果手册外还分享了深圳市招商街道、蛇口街道及番禺区东环街的资源地图。资源地图上呈现了便民服务、健康服务、政策服务、养老服务的服务地点，同时也发掘了老年人需要但仍未满足的需求。

作为项目执行方，“广州正阳”在组织策划本次发布会时力求能够全面清晰地呈现整个项目的研究成果，并期望通过成果的分享能够继续不遗余力地在长者服务项目开拓创新、助力提升社区长者生活质量的同时，协同社会各界力量共享共建新乐龄时代。

第三节　“步步平安——长者居家防跌安全计划”——适老化改造案例

受番禺区慈善会资助，正阳社工于2018年10月启动“步步平安——长者居家防跌安全计划”项目，面向全区长者通过开展防跌知识宣传、居家安全改造、环境适老化改造等服务，提高长者防跌意识，降低长者跌倒风险，并联动社区其他力量通过宣传—改造—倡导的路径共建老龄友善社区。

一、项目设计理念

正阳社工持续以“健康老化（积极老化）”作为长者服务的理念和宗旨。健康老龄化，一方面是指老年人个体和群体的健康，另一方面是指老年人生活在一个良好的社会环境。其中包括三项内容和六个要点。

三项内容是：其一，老年人个体健康，老年人生理和心理健康并具有良好的社会适应能力；其二，老年人口群体的整体健康，健康预期寿命的延长以及与社会整体相协调；其三，人文环境健康，人口老龄化社会的社会氛围良好与发展持续、有序、合规律。

六个要点是：第一，健康老龄化的目标是老年人口群体的大多数人健康长寿，体现在健康的预期寿命（Healthy Life Expectancy）的提高。第二，健康老龄化不仅体现为寿命长度，更重要的是寿命质量的提高，老年人口健康寿命的质量是有客观标准的，也是可以量化的。第三，人类年龄结构向老龄化转变，一方面要求有相应的“健康转变”（Health Transition）来适应，另一方面要求把健康的概念引申到社会、经济和文化诸方面。第四，人口老龄化是一个过程，要从个体和群体增龄的过程中认识老年人群的健康状况的前因后果、来龙去脉及发展趋势；把老年群体健康看作是进入老年期前的婴幼儿、青少年和成年后各阶段所有制约健康因素的最综合、最集中和最终的表现，历史地、全面地认识老年人的健康，它同所有人的福利都联系着。第五，健康老龄化是人类面对人口老龄化的挑战提出的一项战略目标和对策，它建筑在科学认识的基础上。第六，健康老龄化是同各个年龄段的人口、同各行各业都有关系的一项全民性保健的社会系统工程，需要全党全民长期不懈的努力才能逐步实现。

二、项目目标及受益群体

随着年龄的增长，生理健康的恢复能力也随之降低，生物机制的损耗是无法避免的，跌倒也成了长者较为常见的突发性伤害，它会造成长者生理疾病加重、行动不便、社会交往继续减弱、感官进一步退化、家居阻碍加重、生活能力下降、抑郁程度加重等不良影响，从而影响其健康老龄化的发展。

因此，本项目的主要服务目标是：其一，提升老年人的防跌意识和知识；其二，针对重点对象改造其居家环境，提升其居住环境的适老化程度；其三，在社区宣传倡导老年人防跌关爱和公共环境适老化改造，联合社区力量共建老龄友善社区。

本项目的直接受益人群主要为：其一，番禺区特殊困难长者，如独居、空巢、失能、失独等各类困难长者家庭，约 60 人；其二，60 岁以上长者及社区相关居民，约 1000 人。

间接受益人群主要为：其一，社区居民。通过社区宣传活动获取居家防跌及社区适老化改造的理念和知识，有利于老年人生活质量的提升。其二，相关单位及同行。通过居家防跌改造和社区适老化改造，提升长者居家安全水平和社区安全水准，营造一个安全的适老化社区。

三、服务需求调研

1. 服务对象的基本特征

2017 年 3 月，广州市番禺区正阳社会工作服务中心开启“长者生活现状评估与服务模式探索项目”，通过了解社区长者的生活现状，评估其社区养老服务需求，并探索如何实现社区养老服务资源与需求的匹配，从而实现资源、需求和服务的整合，提高社区长者的生活质量，携手社会共享全民健康老龄化。

通过对广州番禺区的 16 个街道 750 名 60 岁以上长者生活能力、社会交往、情绪和生活质量的评估，结果显示：7.1%的长者短期内曾跌倒过；14.6%的长者在过去一年曾跌倒过。跌倒会对人体造成一定的损耗，但对于长者而言跌倒则是对其生理健康、心理健康、社会交往、生活能力和生活质量的负面加成，从而影响其健康老龄化的发展。

2. 评估情况分析

通过对评估结果的综合分析发现：受教育程度越高的长者相较于受教育程度低的长者更容易跌倒，单身的长者也面临这一问题，这是影响长者恢复能力的因素。长者的视力健康和听力健康对其综合健康的影响极大，其中，视力和听力差的长者更容易跌倒。

跌倒会造成长者生活能力和日常生活操作能力的降低，包括：洗澡、进食、如厕、个人卫生护理、脱衣穿衣、外出步行、上下楼和楼层内部活动、做饭和普通家务、管理个人财务、药物处理、使用电话、购物及使用交通工具。同时，生活能力和日常操作能力降低的长者跌倒的概率会增加。

经过相关性分析后发现，与长者跌倒相关的因素有：教育程度、婚姻状况、感觉器官灵敏度、生活能力和操作能力、慢性病罹患情况、居住环境、信息渠道和认知、社会交往、运动方式。同时，跌倒亦会影响上述九个方面的发展。因此，对于引起跌倒的因素应该发掘、控制和消除。

四、项目实施情况及产出

1. 项目实施计划

序号	时间	内容
1	2018 年 10—11 月	活动一：居家安全志愿者培训 活动内容：针对长者居家安全评估，对志愿者进行培训 活动目的：进一步了解、学习、掌握居家安全评估的技能和标准 活动次数：4 场次
2	2018 年 11 月—2019 年 6 月	活动二：社区宣传活动 活动内容：每月开展 2 场长者防跌知识及居家安全知识宣传活动 活动目的：通过活动宣传长者居家防跌知识，提升长者居家安全水平，普及适老化社区改造工作 活动次数：10 场次
3	2019 年 1—6 月	活动三：居家安全评估 活动内容：开展 40 场次居家安全评估活动 活动目的：通过居家安全评估活动，为特殊困难长者家庭提供具有针对性的居家安全整改方案 活动次数：40 场次
4	2019 年 3—7 月	活动四：居家安全改造 活动内容：开展居家安全改造活动 活动目的：结合居家安全评估结果，制订相应的改造方案，并开展居家安全改造活动 活动次数：20 场次
5	2019 年 8 月	活动五：项目成果展 活动内容：开展 1 场项目成果展 活动目的：介绍“步步平安——长者居家防跌安全计划”项目成果，推广居家防跌安全及适老化社区相关知识 活动次数：1 场
合计	75 场次，约服务 1280 人次	

2. 项目执行情况

（1）截至2019年12月25日，本项目已在番禺区民政局、番禺区慈善会、钟村街民政办、东环街民政办、石壁街民政办等部门和广州动医圈网络科技有限公司、广东颐思科养老服务产业有限公司、爱德仁谷养老产业发展有限公司、海伦堡创意园等爱心企业的支持下，获得了场地、人力、物资、技术等资助。

（2）为了更好地体现本项目的社会工作专业性，2019年4月15日，“广州正阳”与广州市创丰健康科技有限公司签订了项目顾问督导协议，由王壬、陈慧莹、陈诗敏、余婉雯等导师为项目团队开展长者防跌知识的培训及工作坊、协同入户评估等服务，培养正阳社工评估团队并指导制定了《广州市番禺区正阳社会工作服务中心居家安全改造服务流程》及相关工具套表，为本项目的持续推广提供了技术条件。

培育广州正阳居家安全评估团队

（3）已通过开展4场志愿者培训活动，将已培育成熟的一支“党员+社工+志愿者+老人家属”互助养老服务队伍，作为居家安全志愿者参与到社区宣传活动之中；通过培训、评估、设计等环节，培育涵盖东环、沙头、钟村、石壁4个街道社会工作服务站和居家养老平台社会工作者在内的“广州正阳”社会工作居家安全评估团队。

（4）已按照项目实施计划开展社区宣传、居家改造等服务内容，以下是实施过程图片。

项目开展——社区宣讲

项目开展——微改造

项目开展——重点改造（上门评估→签订协议→上门整改→监督验收）

（5）项目于2020年1月5日召开结项总结大会暨养老服务发展研讨会，已接受项目评估与审计，正式结项。

3. 项目产出

开展内容	开展数量（场次）	已完成
居家安全志愿者培训	4	4
居家安全评估	40	46
居家安全改造	20	29
社区宣传活动	10	15
项目成果展	1	1
总计	75	95

五、项目总结与成效

本项目至少取得了队伍建设、改造需求评估工具制定、服务体系建立等方面的成效，还总结了几点社区养老居家环境适老化改造项目实施的宝贵经验，一并分享如下。

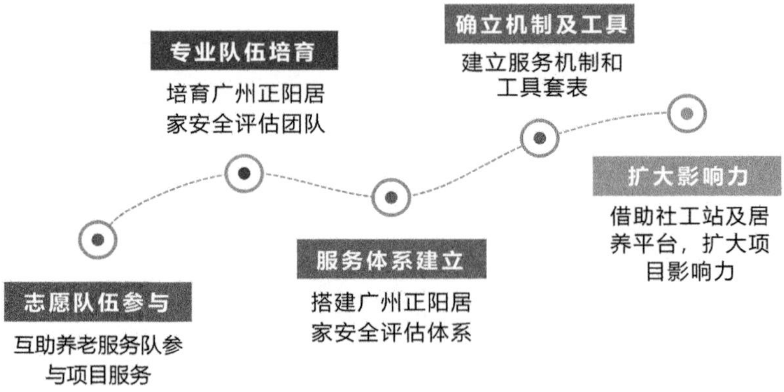

图9.2　项目成效

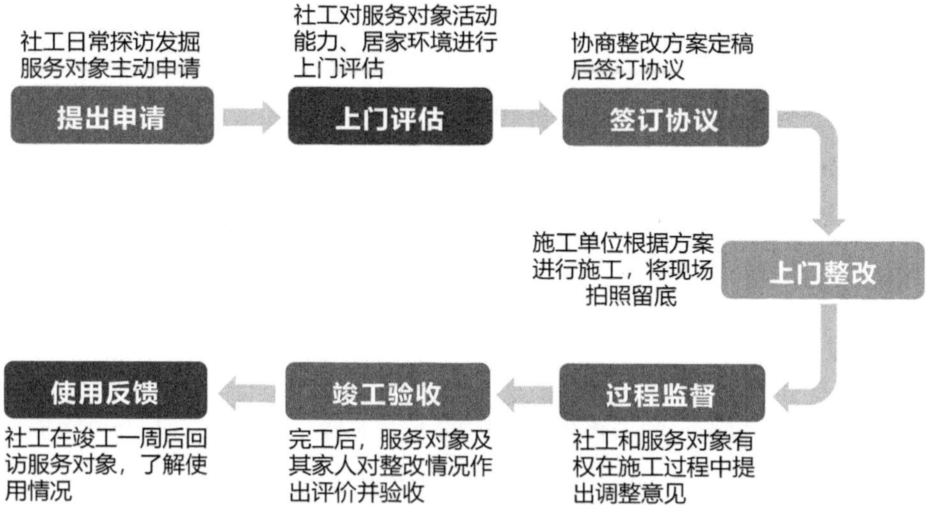

图 9.3　搭建广州正阳居家安全评估改造体系

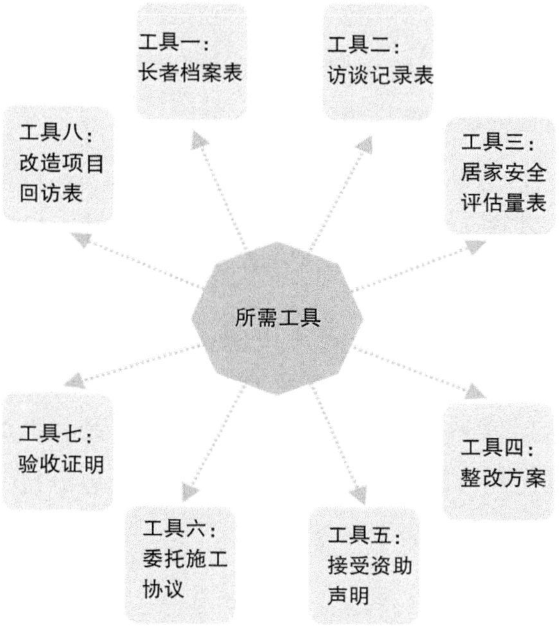

图 9.4　建立服务机制

1. 跨界合作，技术指导

为提升本项目的专业性，2019 年 4 月 15 日，“广州正阳”与广州市创丰健康科技有限公司签订了项目顾问督导协议，由王壬、陈慧莹、陈诗敏、余婉雯等导师为项目团队开展长者防跌知识的培训及工作坊、协同入户评估等服务，并制定了《广州市番禺区正阳社会工作服务中心居家安全改造服务流程》。

2. 链接资源，助力服务

本项目在开展期间获得了沙头街海伦堡创意园、番禺区社会福利院以及东环街、钟村街、沙头街各村居委的大力支持，在场地、人力和物资方面给予了资助，使得本项目的服务可以顺利开展。

3. 实现目标，收获经验

（1）在专家团队的指导下，结合培训、评审会、检视会等，提升团队的居家安全评估能力。

（2）更新评估工具，梳理服务经验，将服务成果进一步作可视化呈现，并通过项目成果展向更多的社区进行推广。

（3）通过“提出申请、入户评估、签订协议、上门整改、监督验收、使用反馈”六大步骤，为辖区内 46 户长者家庭提供入户评估，并为其中家庭环境较为恶劣、安全隐患较多、经济较为困难的 6 户长者提供硬件设备的适老化改造，如加装扶手、加装斜坡、改造电线线路等；为其中存在跌倒隐患较多的 23 户长者提供加装防滑垫、小夜灯和防撞角的安全防护措施；为其余未达到居家安全改造要求的长者和社区长者提供日常防跌知识宣传普及。切实做到根据实地评估情况进行服务内容分层分类，让不同需求的长者能够得到有效的居家安全防护。

4. 典型案例

家住钟村锦绣趣园 8 座 6 梯 101 房的吴大爷，78 岁，肢体二级残疾，耳背，生活半自理，平时由妻子照顾日常起居。吴大爷家住一楼，阳台外有一个自家的小花园，平时他喜欢在小花园里走动走动。在 6 月因突发中风跌倒后，右半身行动不便，即使有拐杖作为支撑，但右脚一直无力，只能拖动前行，加上从一楼到花园要经过一道约10厘米的门槛和四阶台阶，这样就让吴大爷更加难以像往常一样去小花园走动了。

社会工作者去吴大爷家中探访时，发现他因跌倒后生活质量下降，情绪也变得低落。于是社会工作者借助“步步平安——长者居家防跌安全计划”项目，为其进行实地入户评估、设计整改方案，在获得吴大爷及其家人同意后，联系专业施工团队为其在台阶上加装了扶手，一是保障了出行的安全，二是为吴大爷自行前往小花园提供了便利。

在施工结束后，吴大爷尝试自行用拐杖加楼梯扶手的方式，从阳台跨过门槛走下台阶，最后来到小花园。在看到吴大爷能够再次用自己的力量走出家门，来到他喜欢的地方，吴大爷的家人对社会工作者表示了真挚的感谢。

未来，希望更多力量能够加入老年人居家安全防护的服务队伍中，形成以下多方联动机制共建老年友善社区。

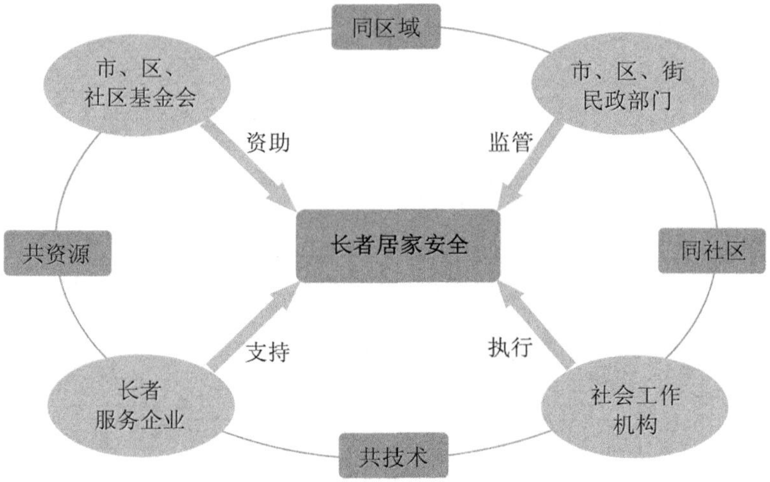

第四节　社区居家养老综合服务实践案例

2016—2020年，正阳社工陆续承接广州市番禺区、南沙区镇街多个社区居家养老服务项目，从上门照料、日间托管、医疗健康服务、心理援助、临终关怀等维度开展老年人社区居家养老服务，为辖区老年人提供了安享晚年的全面服务。下面以广州市南沙区榄核镇社区居家养老服务 2019 年的运营情况（成绩评估为全区第一）为例，分享正阳社工的专业实践。

一、基本信息

项目名称	广州市南沙区榄核镇人民政府长者服务采购项目合同		
服务地址	广州市南沙区榄核镇蔡新路 290 广州市南沙区榄核镇新地四街 9 号		
承办机构	广州市番禺区正阳社会工作服务中心	负责人	李栋
场地面积	500m^2	产权单位	榄核医院
合同起止时间	2018 年 10 月 1 日至 2019 年 9 月 30 日		

二、服务信息

服务范围	覆盖区、街镇、社区（村）	榄核镇 1 个社区及 23 条村
	辖区内老年人数量	户籍 10234 人，非户籍 27469 人。其中，属于第一类政府资助对象有 137 人
功能区域	文娱活动室、康复室、保健室、长者休息室、长者爱心饭堂 面谈室、社工办公室、会议室、小组活动室	
服务项目	☑上门生活照料 ☑助餐配餐 ☑上门医疗 ☑日间托管 ☑康复护理 ☑临时托养 ☑文化娱乐 ☑精神慰藉 ☑临终关怀 ☑安全援助 ☑其他特色服务医养结合	

三、服务对象情况

政府资助对象			自费对象
第一类	第二类	合计	1 人
137 人	0 人	137 人	
服务对象建档数	138	服务对象转介数	0

四、组织架构图

根据合同的相关要求及开展工作的实际情况，项目设置项目主任 1 名，统筹整个项目及镇的居家养老服务的运营；设置项目主管 1 名，统筹项目的具体事项，兼顾一部分专业的工作，例如医养结合项目的统筹等；设置居家养老服务部，配置 3 名居家养老工作人员；设置日间托老服务，配置社会工作者 1 名；设置助餐配餐（爱心饭堂），配置 2 名工作人员；项目配有 14 名护理员。

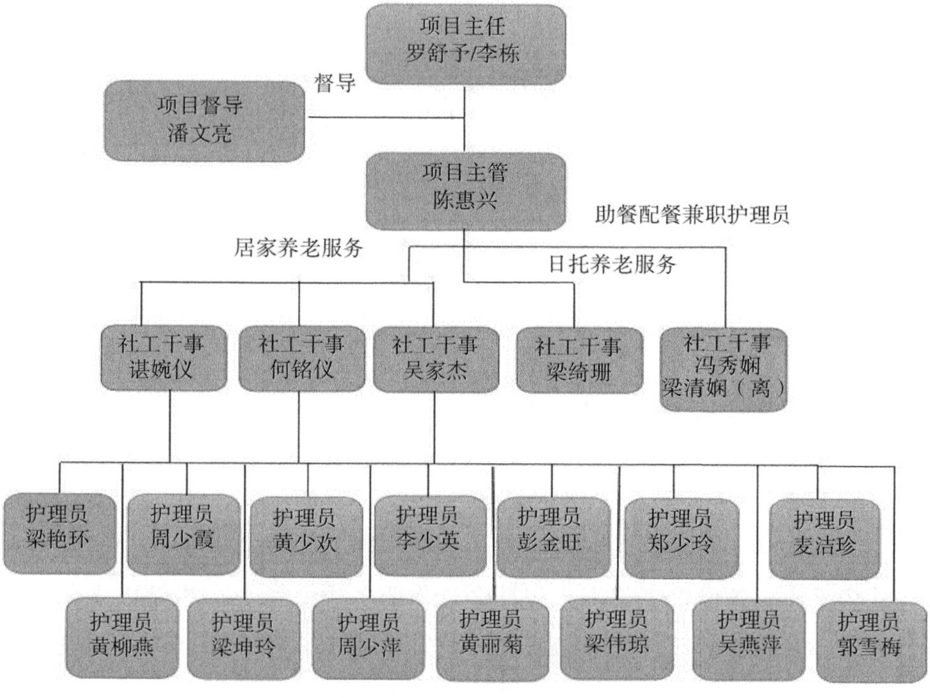

图 9.5 榄核镇社区居家养老综合服务平台人员架构图

五、制度建设情况

服务宗旨/理念	公益为民、帮困匡弱、技能自助、共建和谐
运营管理	服务政策及指引、服务成效管理
财务管理	财务管理、会计核算、财务预结算、专项经费收支、费用开支、费用审批及报销、货币资金管理、资产管理、固定资产管理
人力资源管理	招聘离职、考勤与休假、绩效考核、培训管理、员工督导、职位晋升及工资增长、纪律处分及员工申诉、实习生管理、激励与奖励、慰问福利管理、团队建设
安全卫生及应急制度	服务安全保障：环境、财务、消防、卫生、服务安全；紧急事故处理
资产管理	资产管理、固定资产管理
其他制度	场地及设备管理、服务对象权益保护、志愿者管理、信息管理、网络建设

六、社区居家养老服务开展情况简述

1. 服务概况

榄核镇社区居家养老综合服务平台是以榄核镇民政办为主导，由专业的社会工作服务机构广州市正阳社会工作服务中心承办，为镇内老年人提供居家养老服务。通过组建“社工+护理员+医生+护士+志愿者”的队伍，即“社工+”的形式，采取“定护工、定服务对象、定服务时间、定服务地点、定服务项目”的模式，积极发挥政府主导作用，广泛动员社会力量，充分利用社区资源为居住在家的老年人提供上门生活照料、助餐配餐、日间托管、上门医疗、康复护理、文化娱乐、精神慰藉、临终关怀、安全援助等服务。旨在为老年人提供其所需的养老服务项目，以满足老年人生活服务、精神慰藉、家居照顾、日间照料、上门医疗等养老需求，方便社区老年人老有所养、病有所医。

2. 服务对象

榄核镇位于南沙区西北部，占地面积 74.48 平方千米，以农业生产为主，共有 1 个社区和 23 个自然村，全镇总人口约 13.2 万人，其中 60 岁及以上长者有 10234 人。榄核镇辖区内登记在册的第一类政府资助服务对象人数合计 444 人，其中包括“三无”人员 0 人，农村五保供养对象 78 人，低保长者 82 人，低收入长者 34 人，优抚对象 244 人，百岁老人 1 人，计划生育特别扶助人员 5 人。

3. 服务内容

（1）上门生活照料。

本服务部主要针对登记在册的第一类政府资助对象，主要由居家养老护理员开展上门生活照料服务，服务内容包括助洁、洗涤、陪伴就医、陪同外出、代办、日常提示、情感关怀、个人护理、协助进餐、排泄护理、助浴、助行服务。根据由广州市居家养老服务指导中心、广州市老年人服务中心汇编的《广州市社区居家养老服务资料汇编》及由南沙区居家养老综合服务平台汇编的《标准化手册》里的服务规范执行开展上门生活照料服务。同时，项目与周边社区医疗服务机构、为老服务机构建立服务转介机制并签订合作协议，例如向敬老院、榄核医院、南沙时间银行、榄核镇社会工作服务站等相关单位进行转介服务，旨在为服务对象负责并提供更加适切的服务。

截至 2019 年 9 月 30 日，榄核镇居家养老服务部第一类政府资助对象共服务 137 人，覆盖率为 30.86%，居家上门服务 12059 人次。针对每位在册服务对象，由服务部与服务对象签订服务协议，并为服务对象建档，签约率和建档率均达到 100%，并定期更新服务对象档案信息。与此同时，在服务的过程中根据服务对象的需求提供多元、适合的服务内容。根据服务部对相关服务对象进行的满意度调查，满意度达到 89%以上。

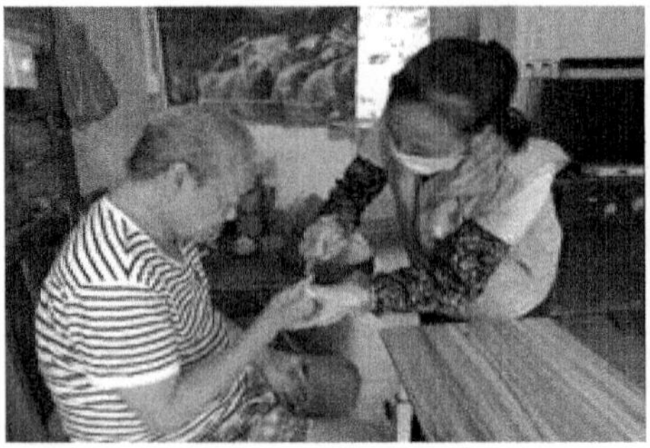
个人护理

洗涤服务

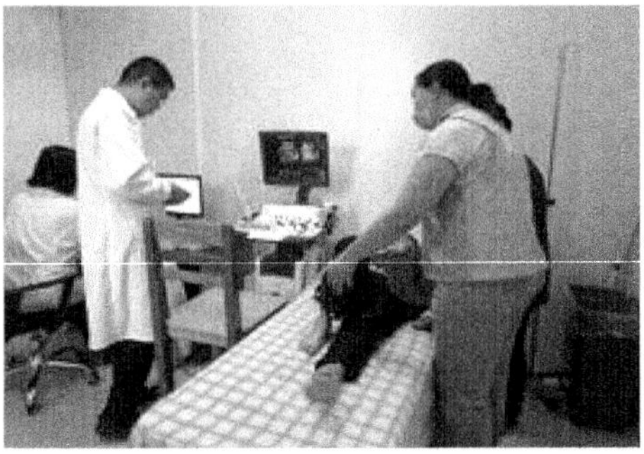
陪同就医

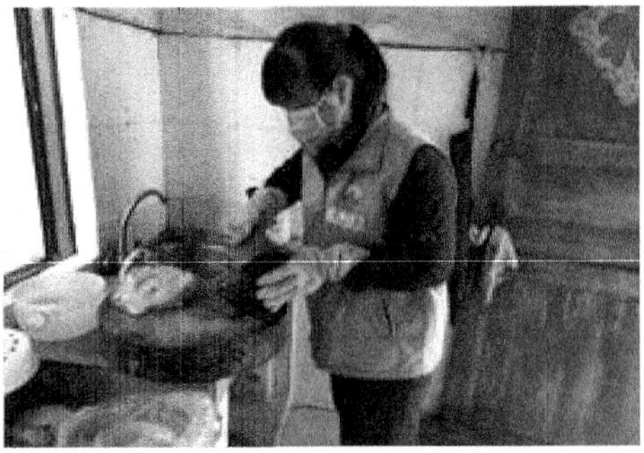
上门助餐

（2）助餐配餐服务。

本项目助餐配餐服务通过政府招标由符合资质的广州市添禄餐饮管理有限公司进行配送，以合作形式开展服务且无制餐及分餐行为的方式进行运营，按照“企业让一点、政府补一点、慈善捐一点、个人掏一点”的办法，秉承清洁卫生、安全保障、营养全面、及时分餐/送餐等原则，确保老人吃得放心、吃得舒心，更好地将党和政府对长者的关爱送到他们家中、递到他们手上，不断增强老年人的幸福感和获得感。

自 2018 年 10 月 1 日至今，全镇就餐长者 1196 人，合计 80039 人次，全镇覆盖率 12.76%。社会工作者针对服务对象开展满意度调查及服务座谈会了解情况，其中，长者对居委饭堂的环境、日常运营和工作人员服务态度等方面的满意度很高，对饭菜味道满意度相对较低，认为饭菜口味适中、偏淡。同时，社会工作者通过活动普及日常饮食知识，提高长者对个人饮食健康的关注。

新涌饭堂：长者堂食

居委饭堂：志愿者分餐

配餐员送餐

（3）日间托管服务。

依托社区服务资源，在社区服务场所内为半失能及日常生活需要一定照料的老年人提供助餐配餐、康复护理、医疗保健和文化娱乐等日间照料形式的社区居家养老服务。

星期	上午	下午
星期一	“百姓孝为先，快乐在身边”长者唱歌活动	“一支毛笔”长者学堂
星期二	“我不做‘高’人”常规量血压活动	“白发齐微”长者微信学堂
星期三	“传艺启采”长者手工制作活动	上肢康复训练常规活动
星期四	“动起来，齐健康”健康操活动	“健康下午茶”长者学堂
星期五	“乐在‘棋’中”长者棋牌活动	下肢康复训练常规活动

截至 2019 年 9 月 30 日，服务部日间托管服务已为 3 名长者提供日间照料服务，与每位对象签订服务协议，并为服务对象建档，签约率和建档率均达到 100%。根据服务部对相关服务对象进行的满意度调查，满意度达到 90%以上。

文化娱乐：手工活动

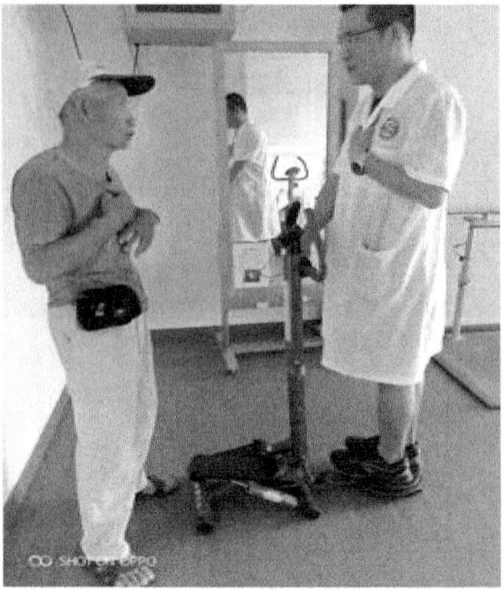

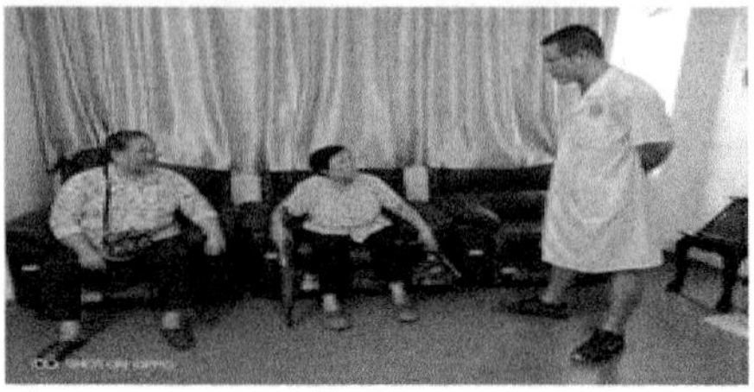

健康管理

康复训练

（4）上门医疗。

长者由于身体的技能弱化而带来健康管理方面的服务需求，本项目坚持“预防为主　治疗为辅　防治结合”的原则开展，关注社区长者身体健康，促进老人身心健康发展，做到“无病早防，有病早治”。本项目主要与榄核医院、榄核镇社区卫生服务中心等以合作形式开展上门医疗服务，服务内容包括健康档案、预防保健、基础监测、健康体检。

截至 2019 年 9 月 30 日，服务部完成相关设备配置，已为 36 名政府资助第一类对象提供定期的上门巡诊服务，建立 36 份健康档案，做到有问题处理问题、没问题及早预防。与此同时，为 100 名日托会员提供义诊、健康知识讲座、常规量血压等活动 9 场，累计服务 4438 人次。

医生为长者检查身体

基础检测

健康讲座

（5）康复护理。

由专业评估人员评估服务对象的身体状况并制订训练计划，提供康复咨询、器材锻炼、康复训练、康复理疗等服务。比如，穿衣训练、洗漱训练、电话使用训练等基本生活自理能力训练项目，腰椎康复、跌伤康复、中风康复、偏瘫康复、记忆训练、感官训练、转移训练等康复训练项目，针灸理疗、足部理疗、器械按摩、中风物理治疗、推拿按摩、拔罐刮痧等康复理疗项目。

截至2019年9月30日，本服务部完成了康复护理服务相关场地设施建设，并开展相关康复咨询、器材锻炼等服务，已为20名日托会员长者提供康复用具使用指导及针灸、天灸、机械按摩、推拿等康复服务体验，累计服务642人次。康复护理服务是根据长者失能程度，评估长者的需求，为长者提供专业的、适切的复康及治疗性运动，保持长者的最佳活动能力、智能和身体机能，通过强化肢体训练、自理训练、记忆及认知训练，恢复长者身体功能。

康复训练与理疗

（6）文化娱乐服务。

服务内容包括娱乐活动及老年教育服务。提供唱歌、棋牌、图书阅览、电脑体验、舞蹈、书画等文体活动和老年大学、社区活动等服务，丰富老年人的精神文化生活。

首先，本服务部完成场地设施建设，设置老年娱乐区和老年教育区，满足长者在娱乐活动和老年教育方面的需求。老年娱乐区配备多种康乐类器材及多种适合老年人阅读的书籍、报刊等，并配置多媒体设备。

其次，本服务部结合星光老年之家项目和日间托老服务中心项目，为长者提供多元化的文化娱乐服务。其中包括的娱乐活动有日托中心服务怀旧系列常规活动（包括歌唱、茶话会等）和长者学堂（微信学堂、毛笔学堂、健康下午茶学堂等）、星光老年之家服务报刊阅读常规活动和象棋常规活动。

此外，本服务部针对登记在册的第一类资助服务对象开展文化娱乐类主题性活动，包括居家养老服务对象生日会、节假日庆典等活动。同时，本服务部还会邀请登记在册的第一类资助对象参加由日间托老服务中心项目开展的文化娱乐服务。通过开展该类服务，目前恒常发展的队伍有“日托之声歌唱队”“榄核镇活力舞蹈队”“榄核镇日托长者健康操队”。

截至2019年9月30日，场地接待服务达1000余人次，日托中心常规活动10个，共251场次，服务5405人次，在册会员100名；针对登记在册的第一类资助服务对象12名开展5场主题活动，包括亲子义工贴春联活动、“社—企”微愿望帮扶活动、党建引领粽香传情党员志愿者探访活动、居家长者生日会活动，服务238人次；邀请居家对象参与的服务有健康讲座、母亲节主题活动等，共43人次参加服务。

微心愿帮扶活动

长者生日会

服务推荐会

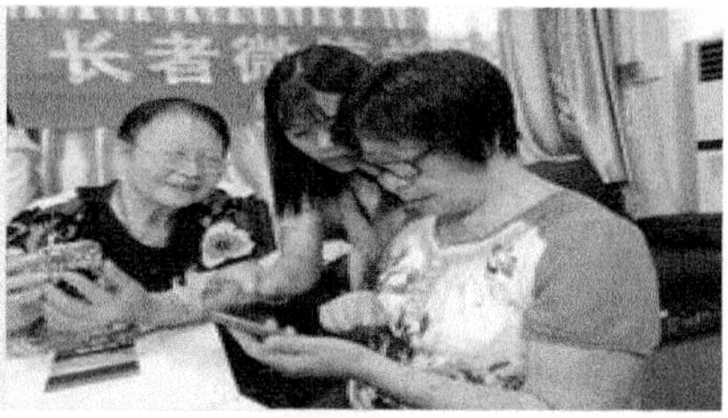

长者微信学堂

（7）精神慰藉服务。

为有情绪困扰的长者提供针对性的探视、陪伴、关怀等情绪疏导，并运用专业的心理知识提供心理辅导，组建长者志愿服务队定期开展结对探访服务。服务内容包括电话问候、关怀访视、心理关怀、个案服务等。

服务部不定期为服务对象开展电话问候服务，包括节假日问候、活动通知及邀请等，并定期组织社会工作者或志愿者上门访视服务对象，例如端午假期期间组织党员志愿者为服务对象送上亲手制作的粽子，台风天气前后组织社会工作者及护理员上门访视了解服务对象家居情况并提醒注意防风措施等。同时，通过日常上门关怀方式，积极关心长者的身体健康及情绪状况，及时提供心理关怀，疏导长者情绪，并为有需要的长者提供个案服务或转介服务。

截至 2019 年 9 月 30 日，服务部共开展电话问候 6528 人次，关怀访视 1632 人次，第一类政府资助对象 68 名（包括五保、独居等老人），并开展个案服务 4 个，其中包括一名丧子长者、一名重大疾病长者，临终关怀 2 个。并及时为有需要的服务对象提供转介服务，包括 2 名长者转介至榄核镇医院提供医疗服务。为 3 名服务对象链接医疗护理服务。为有需要的服务对象提供个性化的心理关怀服务，以协助其适应生活方式转变。社会工作者针对服务对象开展满意度调查，满意度达 90%以上。

心理关怀

关怀访视

电话问候

（8）临终关怀服务。

由工作人员为临终长者及其家庭提供临终关怀咨询、转介、医疗和护理等服务，并为有需求的服务对象提供哀伤辅导服务。服务内容包括护理服务，膳食服务，社会、心理、灵性照顾，善后服务等。

截至2019年9月30日，本服务部共为2名服务对象提供临终关怀服务，服务内容包括护理服务、膳食服务、心理疏导、协助服务对象完成未竟之事和善后服务，护理服务11小时，膳食服务建议1份，心理疏导24人次，协助临终长者亲属处理身后事2件。该临终关怀服务受到家属和村委的一致好评，满意度达90%以上。

（9）安全援助服务。

包括紧急呼援、定期巡访、适老化家居改造等服务内容。“广州正阳”与平安通落地服务机构广东乐善家庭服务有限公司签订了合作协议，定期了解服务对象的平安通使用情况。137名在册第一类政府资助对象中，经服务部申请平安通的有23人，经过服务部链接外部资源开展居家改造的有38人。

开展定期巡访服务，针对“三无”、五保等特殊服务对象提供了至少每天1次的电话访问或者上门探访，其他服务对象提供了至少每3天一次的电话访问或者上门探访。每季度均有专业志愿者上门检查服务对象的居家安全情况，排除水、电、燃气安全隐患。链接相关资源为有需要的服务对象提供适老化家居改造，成功改造38户，其中包括电线、无障碍通道、台阶、坐厕等改造。针对服务对象开展的满意度调查情况显示，满意度高达99.8%。

更换电线

检查电线

协助固定房屋

检查电热水器

4. 服务手法

服务部为榄核镇辖区内长者通过开展上门生活照料、助餐配餐、日间托管、上门医疗、康复护理、文化娱乐、精神慰藉、临终关怀、安全援助9大服务项目，运用护理员上门服务及社会工作个案、小组、社区服务等专业服务手法，为有需要的长者及其家庭提供适切服务，回应服务对象需求。

（1）个案服务法。个案工作是运用科学的专业知识和技巧，以一对一的方式，为遇到困难的个人或家庭提供物质和心理方面的支持和服务，以帮助个人或家庭减轻压力、解决问题，提升自我信心和生活质量。主要包括：辅导个案以及转介个案。

（2）小组工作法。小组工作是在社会工作者的协助下，通过小组成员之间有目的的互动互助，使参加小组的个人获得行为的改变、社会功能的恢复和发展的工作方法。主要包括：教育性小组、发展性小组、支持性小组、治疗性小组等。

（3）社区活动法。从社区环境、社会制度等因素评估服务对象的需求，重视各类服务资源的整合，制订相应的服务计划，开展各类社区大中小型活动。主要包括以下三方面内容：

一是教育性服务。以讲座、工作坊、训练课程等形式协助服务对象掌握相关资讯和方法与技巧，以更有效地承担相应的责任和促进发展。

二是倡导性服务。通过大众传播媒介、推广节目及社区活动等宣传手法，建立广大居民对社区服务的关注，宣传家庭综合服务中心的性质和目的，提高居民对此的兴趣和认识。

三是义工的管理培训。社会工作者通过工作坊和定期培训，使义工能够通过探访察觉和识别危机对象的潜在问题及懂得转介或简单应对。同时，通过义工的综合管理形成社区资源的有效整合与再造。

5. 服务成效

（1）多元主体参与，增强长者社区支持网络，贯彻社区养老理念。

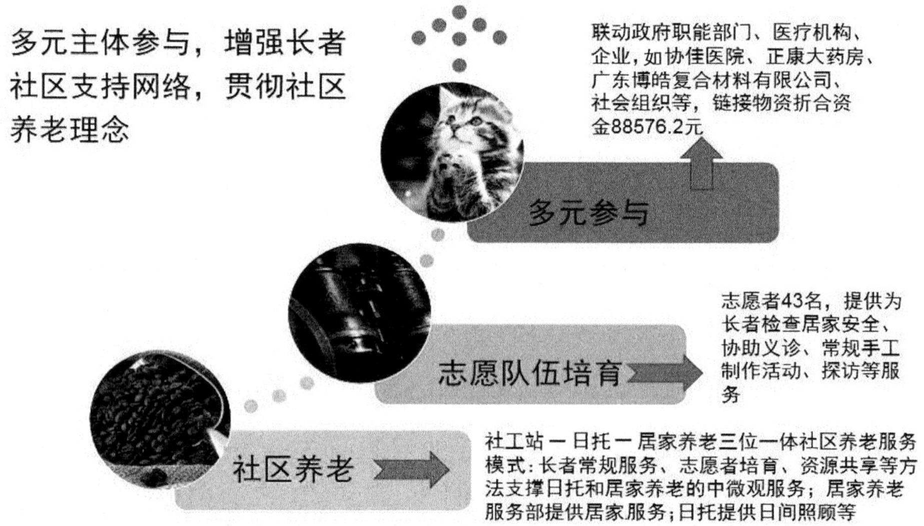

服务部重视多元主体的参与，致力于增强服务对象的社会支持网络，当前合作单位包括南沙区民政局、榄核镇民政办、榄核镇工会、榄核镇文体中心、榄核镇各村（居）委会、榄核镇社会工作服务站、各社区（村）社会工作服务分站、榄核镇医院、榄核社区卫生服务中心、广州市义工联、南沙区时间银行、榄核镇敬老院、南沙区美术家书法协会、协佳医院、正康大药房、广东博皓复合材料有限公司等。本项目通过号召多方力量参与，共链接资源折合人民币 88576. 2 元，资源包括油、米、棉被、对联、衣物、老人用品、电器等。项目积极培育项目志愿者队伍，当前项目注册志愿者有43名，服务时数2452小时，提供了包括为长者检查居家安全、协助开展义诊活动、每周常规手工制作活动、党员义工探访居家长者等服务。

项目采取社工站—日托—居家养老三位一体社区养老服务模式，为长者提供其所需的养老服务项目，以满足长者在社区养老各方面的需求，助力社区长者老有所养。一方面，社工站在社区已有一定的服务及资源基础，项目运用社工站作为社区层面宏观服务支撑日托和居家养老的服务，包括长者常规服务、志愿者培育、资源共享等方法支撑日托和居家养老的中微观服务。另一方面，以居家养老服务为基础，社会工作者及护理员等人力资源，为长者上门提供基础居家养老服务，包括居家照顾、生活照料、医疗保健、精神陪护等服务，在此过程中，工作人员作为服务提供者及资源链接者，确保长者居家养老服务需求得以满足。同时，以日托中心为依托，开展日间照顾、膳食提供、健康康复等服务，充分利用场地资源及人力、物力资源，作为整个服务体系的中心，建立项目个案管理机制，联动社工站—居家养老服务部，共同助力长者能够在熟悉的社区安老。

（2）“社工+护工+志愿者+医生/康复师”服务团队，致力提供专业化及多元化服务。

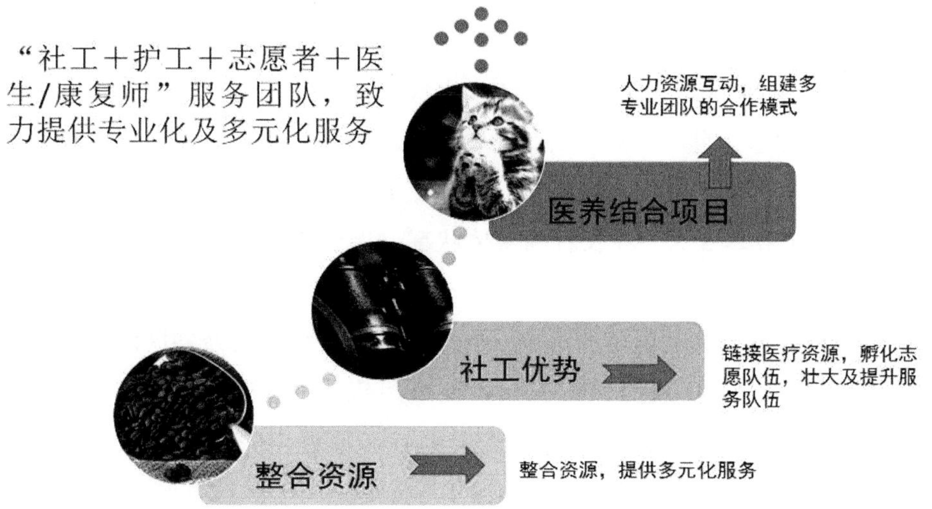

在三位一体社区养老服务模式下，实现人力资源互动，组建多专业团队的合作模式。通过项目间联动，发挥项目社会工作者及护理员的力量，充分利用专业社会工作者和专业督导的人员优势，链接多家医疗机构和社区企业/单位等资源开展服务，同时运用专业优势培育多支长者志愿者服务队伍，壮大及提升项目服务团队。在这种模式作用下，项目社会工作者及护理员可以为长者提供更适切的服务，进一步挖掘并整合各方资源，充分撬动社区养老服务资源，充分挖掘周边社区志愿者服务力量，促进多项目合作机制的完善，服务辖区长者，增强社区养老服务的综合效益。

（3）打造学习型团队，致力于为服务对象提供专业化的优质服务。

第一，上岗培训：机构、区、市组织的护理员岗前/在岗培训。

第二，师徒学习制：社工+资深护理员+新护理员搭配，相互学习。

第三，个人成长：社工个人督导+个人成长计划中阶培训，老年社会工作能力建设、危机处理培训、临终关怀辅导、生死教育课。

6. 特色项目——医养结合服务

2019 年度在原有服务内容的基础上，与榄核医院合作开展医养结合项目，根据服务对象的需求及实际情况开展以下服务。

（1）田间测量血压、血糖，实时把控服务对象的身体状况。考虑到榄核镇的长者日常会进行耕种，日常较多时间都在田间，因此，护理人员及医务人员日常都会到田间为长者提供血压测量服务和健康咨询服务。截至 2019 年 9 月 30 日，共服务长者 1174 人次。

（2）为患有重度疾病、卧床、高血压的 36 名政府资助第一类对象提供每月至少一次的上门巡诊服务，为长者建立 36 份健康档案，提供一对一的个性化服务。及时关注长者的身体状况，做到有问题处理问题、没问题及早预防。

（3）根据长者健康类的需求，榄核医院为日托长者及辖区的长者开展主题为三伏贴、冠心病、冬病夏治、安全用药、共享健康的知识讲座，进一步提升长者的健康知识，促进长者进一步关注自身的健康状况。截至 2019 年 9 月 30 日，共服务居民 4438 人次。

（4）与榄核医院达成临终关怀和绿色通道的转介。截至 2019 年 9 月 30 日，与榄核医院合作开展临终关怀个案 2 例并转介居家对象 1 名，让长者有质量度过余生并对其生命安全予以保障。

田间测量血压

高血压自我管理

7. 近一年服务存在的困难及应对策略

（1）困难：由于场地及服务对象需求等原因，日间托管、临时托养服务较为薄弱，当前以服务设施建设和基础服务为主，深入服务难以开展。

应对策略：与购买方进行反馈及协商，商讨在榄核镇范围内是否有合适的场地作为日间托管的场所开展相关的服务。同时，加强服务对象的挖掘，进一步挖掘临时托养的相关对象，深化服务内容。

（2）困难：“安全援助”服务中，平安通设备问题较多、维修时间过长，常常收到因为平安通不能使用等情况造成长者对服务部的不良评价。

应对策略：做好服务对象解释及安抚工作，并协助其沟通联系平安通落地服务机构。

（3）困难：开展的服务内容较为多元，人手较为紧张。榄核镇社区居家养老综合服务平台兼顾全镇的居家养老服务。尤其助餐配餐服务，除运营2个爱心饭堂外，需要为榄核镇12个村居运营的饭堂提供支持，占用较多的服务时间。

应对策略：与购买方进行沟通，争取在原有人员配置的基础上，增加人员配置，内部进行人员服务内容的重新安排和优化，争取把服务内容有条理、有层次地开展起来。

8. 上一年评估后的改进措施、成效等

与榄核医院合作开展医养结合项目，加快推进医疗卫生与养老服务相结合，让榄核镇辖区内医疗资源能够高效地、有效地助力社区长者养老，推动普遍性服务和个性化服务协同发展，满足多层次、多样化的健康养老需求，促进长者改善身体状况，提升长者生活质量。

2019年度以榄核镇日间托老服务中心、榄核镇居家养老服务部为依托，与榄核镇医院、社区卫生服务中心和村委站等医疗卫生机构开展多种形式的协议合作，建立健全的协作机制。通过跨团队合作开展“医生+护士+社工+护理员+志愿者”模式，整合榄核镇辖区内的医疗、康复、养老和护理资源，提高基层医疗卫生机构为居家老年人提供上门、驻点、进村、进田野等医疗服务的能力。一方面，为部分居家对象建立健康档案，为在社区、家庭中养老的居家养老服务对象及日托服务对象提供定期体检、上门巡诊、社区护理、健康管理等基本服务，并为有需要的长者家庭建立签约服务关系，为老年人提供连续性的健康管理服务和医疗服务。另一方面，为满足行动能力较好的长者在疾病预防、健康保健、医疗卫生等方面的需求，积极开展相关健康咨询、健康教育、慢性病管理、康复理疗等服务。同时，针对行动能力较差的长者，特别是高龄、重病、失能及部分失能长者在康复理疗、就医治疗等方面的需求，积极开展康复理疗项目，开展老年人挂号、就医绿色通道并建立住院治疗护理的绿色通道、救护车接送等工作。

9. 下一年服务开展的计划

（1）联动多方专业力量，为辖区内的长者提供精细化的居家养老服务内容。例如，联动专业资质的护理站，为辖区内的长者提供上门护理服务；与专业的康复医疗机构、社会组织进行合作，为辖区内中风的长者提供康复护理服务等。

（2）加强团队建设，强化项目团队成员护老服务培训，完善团队成员护老服务知识结构。

总结·联动·共建

“建设中国城市老年友好型社区”初探项目，是广州市番禺区正阳社会工作服务中心在老年人社区服务发展中的联动创举。项目由香港大学秀圃老年中心承接，是中心跨境联动的首次尝试。秀圃老年研究中心在我国香港地区是老年社会政策和老年服务实证模式研究发展的典范，此次与正阳社会工作服务中心的跨境合作，进一步推广并提升了秀圃老年研究中心的行业先进研究经验。过程中双方都怀着谦虚学习的心态，在能力培育、调查设计和实施、社区资源发掘等事项上互为补充，促成了项目的顺利实施，并取得初步影响力。

“建设中国城市老年友好型社区”初探项目的设计与实施过程体现出项目的跨境合作团队对理解中央政策、整合政策资源方面的领先性。项目开始于2016年，以“老龄友善”社区建设与服务发展为主题，我们欣慰地看到中央2017年在新时期老龄事业发展和养老体系建设顶层设计的两份文件《国务院关于印发“十三五”国家老龄事业发展和养老体系建设规划的通知》(国发〔2017〕13号)、国务院办公厅《关于制定和实施老年人照顾服务项目的意见》(国办发〔2017〕52号)，在国家层面确立了建立老年友好型城市的政策地位，所以这个项目可以说是站在了创新社会治理背景下社会服务发展的前沿。我们坚信“建设中国城市老年友好型社区”初探项目结合需求评估、行动研究和能力培育，为健全和完善老龄友善社会工作服务提供了有价值、有分量的实证依据和社会工作能力培养模型。

总结本次项目，我们相信项目倡议的核心指标体系、培育课程、实证逻辑为正阳继续腾飞奠定了坚实的基础，从而实现并促进了正阳在社区、机构和专业三个层面的全面影响力。在宏观社区层面，挖掘社区资本，联动社区资源，正阳可以成为协同创建老年友好型社区的领头羊。在中观机构层面，聚焦服务，打造社会工作专业品牌，形成为老服务精准化的有效机制后，正阳能成为老龄社会工作实证研究基地，进一步深入发展适合本地、本社区的专业服务。在老年社会工作者的个体层面，提升核心能力，聚焦服务对象的真实需求，链接个人和组织绩效，能有效激发社会工作同人的积极性，将正阳打造成专业服务的培育基地和实践基地。我们相信，正阳的影响力能让政府和业界更广泛地关注长者服务，增加地区资源整合，共同建设老年友好型社区，实现“六个老有”的政策目标。

附录一：

自编研究工具（《建设中国城市老年友好型社区实证初探》）

社区老人健康和照顾状况问卷

社区老人健康和照顾状况调查

尊敬的受访者：

您好！为了更好地了解社区老年人的健康和社区照顾服务情况，以便我们更好地服务社区，现诚邀您回答以下问题。整份问卷将由受过专业培训的社工同事配合您填答，大约需要30分钟。除特别注明，请您根据自己的情况或者经验回答，回答没有对错之分。谢谢您！

第一部分　筛查问卷

<table>
<tr><td colspan="5">1. 您现在的听力如何（如有助听器，应以使用后的听力作准）？ □ 用助听器（观察）</td></tr>
<tr><td>□ 听力正常（可正常交谈，能听清正常情况下的电视、电话、门铃声音）</td><td>□ 有些困难（在不安静的环境下有困难）</td><td>□ 只在特殊情况下才能听见（讲者需要发音清晰及大声讲话，才能听清）</td><td colspan="2">□ 听力严重丧失（缺乏听觉能力）</td></tr>
<tr><td colspan="5">*听力严重丧失至不能听到（包括戴上助听器）调查员提出的问题及回答，调查员可以邀请代理人代为回答该问题及本问卷以后的问题。</td></tr>
<tr><td colspan="5">2. 您觉得自己的理解能力如何？①</td></tr>
<tr><td>□ 能理解</td><td>□ 通常能理解</td><td>□ 时常能理解</td><td>□ 有时能理解</td><td>□ 极少/从未能理解别人的意思</td></tr>
</table>

① 对第2题填答“有时能理解”或“极少/从未理解别人的意思”的长者，请补充填答简易精神状态问卷（SPMSQ）。

续表

*极少/从未能理解别人的意思的老人，调查员可以邀请代理人代为回答之后的问题。					
□ 老人自己回答　□ 老人代理人回答，代理人是老人的________（在横线上填写序号）					
A 配偶	B 儿子	C 女儿	D 女婿	E 儿媳	F 父母
G 孙子女	H 兄弟姐妹	I 其他亲戚	J 朋友邻居	K 保姆	L 其他

第二部分　个人部分

3. 姓名	________		4. 性别	□ 男		□ 女
5. 出生年月日	____年____月____日		6. 在世的子女		儿子____个	女儿____个
7. 婚姻状况	□ 从未结婚	□ 已婚	□ 分居	□ 离婚	□ 丧偶	□其他______
8. 教育程度	□ 未受教育或只上过幼儿园		□ 小学	□ 初中	□ 高中	□大专或大学
9. 宗教信仰	□无宗教	□基督教	□天主教		□佛教	□伊斯兰教
	□传统民间信仰（拜祖先、拜土地公公等）				□道教	□其他______
10. 从业现状（可多选）	□务农 □退休 □读书 □工作（请勾选：□全职 □兼职 □散工 □自雇 □其他：________） □失业					
11. 经济来源（可多选）	□城镇职工基本养老保险金（包括机关事业单位离退休金）		□工作收入	□股份分红		□老人金/保健长寿金
	□城乡高龄无保障老人纳保补贴（城乡居民基本养老金）			□务农收入		□证券交易收入
	□养老服务（原称居家养老服务）补贴			□房屋出租		□最低生活保障金
	□家人及亲友资助			□商业保险		□其他______

续表

12. 个人月收入①	不足 1500 元	1501～3000 元	3001～5000 元	5001 元以上	
13. 自评目前的收入状况	□非常不足够	□不足够	□刚好够	□足够	□足够有余
14.1 家居安全	□很不安全	□不安全	□一般安全	□安全	□很安全
14.2 社区环境	□机关、事业单位住宅区		□两限房小区	□未改造的老城区（街坊）	
	□工矿企业单位住宅区		□棚户区	□普通商品房小区	
	□经济适用房小区		□自建住宅	□村改居住宅区	
	□高档商品房/住宅/别墅区		□移民社区	□其他：______	
14.3 居住条件	□很不满意	□不满意	□一般满意	□满意	□很满意
15.1 是否独居	□是		□否		

15.2 同住情况（可多选）	□配偶	□儿子	□女儿	□女婿	□儿媳	□孙子女
	□兄弟姐妹	□父母	□其他亲戚	□保姆	□其他______	

第三部分 健康部分

16. 自评健康状况②	1. 您觉得您目前的健康状态怎么样？	1. 您觉得您目前的健康状态怎么样？	1. 您觉得您目前的健康状态怎么样？	1. 您觉得您目前的健康状态怎么样？	1. 您觉得您目前的健康状态怎么样？
	□很差	□差	□一般	□变好	□变好很多
	2. 您觉得您目前的健康状况与一年前相比较，怎么样？	2. 您觉得您目前的健康状况与一年前相比较，怎么样？	2. 您觉得您目前的健康状况与一年前相比较，怎么样？	2. 您觉得您目前的健康状况与一年前相比较，怎么样？	2. 您觉得您目前的健康状况与一年前相比较，怎么样？
	□变差很多	□变差	□一样	□变好	□变好很多

① 如为从业人员，应为扣除个人缴纳的社会保险费、公积金和所得税后的收入。

② 如第 16 题填写一般/差/很差，请跳至回答日常生活活动和功能性活动能力。

续表

17. 慢性病（可多选）①	□高血压	□糖尿病	□血脂异常	□脑血管病（如中风）	
	□肾脏疾病	□慢性肺部疾病（如慢性支气管炎、肺气肿、肺心病及肺结核）			
	□肝脏疾病	□心脏病（如心肌梗死、冠心病、心绞痛、充血性心力衰竭）			
	□颈/腰椎疾病	□胃部或消化系统疾病（如胆结石/胆囊炎）			
	□哮喘	□与记忆相关的疾病（如老年痴呆症、脑萎缩、帕金森症）			
	□关节炎或风湿	□癌症等恶性肿瘤		□情绪和精神方面的问题	
	□生殖系统疾病	□泌尿系统疾病		□其他________	
18. 情绪及精神健康状况	过去两周，您曾被以下问题烦扰？	没有	有时	超过一半时间	几乎每天
	（1）为一些小事感到心烦	□	□	□	□
	（2）感到情绪低落，抑郁或绝望②	□	□	□	□
	（3）感到孤独	□	□	□	□
19. 疼痛状况	过去三天内身体上是否有疼痛问题出现？③	□没有		□有	
20. 跌倒	□过去90天内没有跌倒	□过去30天内没有跌倒，但31~90天前有跌倒	□过去30天内曾跌倒一次	□过去30天内跌倒两次或者以上	
21. 视力	□良好	□轻微不健全	□中度不健全	□严重不健全	□丧失视力

① 如第17题勾选或填写其他病名，请跳至回答药物记录。

② 如第18题（2）填写有时/超过一半时间/几乎每天，请跳至回答老年医学抑郁量表（GDS-15）。

③ 如在第19题填写有，请跳至回答疼痛量表（Pain Scale）。

续表

<table>
<tr><td rowspan="12">22. 牙齿或口腔</td><td colspan="5">(1) 您有多少颗假牙？</td></tr>
<tr><td>□无假牙/0 颗</td><td>□1~9 颗</td><td>□10~19 颗</td><td colspan="2">□20 颗</td></tr>
<tr><td colspan="5">(2) 您有没有佩戴活动式假牙？</td></tr>
<tr><td>□没有</td><td colspan="4">□有</td></tr>
<tr><td colspan="5">(3) 您认为您目前的牙齿或口腔健康状况怎么样？</td></tr>
<tr><td>□很差</td><td>□差</td><td>□一般</td><td>□好</td><td>□非常好</td></tr>
<tr><td colspan="5">(4) 请问目前您的牙齿或口腔有没有以下问题？（可多选）</td></tr>
<tr><td>□牙痛</td><td>□ 牙肉肿痛</td><td>□刷牙出血</td><td colspan="2">□口干</td></tr>
<tr><td colspan="2">□牙齿对冷热酸甜敏感</td><td>□牙齿松动或脱落</td><td colspan="2">□颌面部关节痛（耳朵前方）</td></tr>
<tr><td colspan="5">(5) 您认为目前的口腔健康状况对您的整体健康和生活有多大影响？①</td></tr>
<tr><td>□没有影响</td><td>□很小影响</td><td>□一般影响</td><td>□较大影响</td><td>□非常大影响</td></tr>
<tr></tr>
<tr><td>23. 皮肤对生活起居的影响②</td><td>□没有影响</td><td>□很小影响</td><td>□一般影响</td><td>□较大影响</td><td>□非常大影响</td></tr>
</table>

第四部分　社会活动及社区服务使用

<table>
<tr><td rowspan="2">24. 家庭交往</td><td>您每个月至少见一次面或能联系的亲属有____位</td><td>您需要时能帮上忙的家人有__位</td></tr>
<tr><td colspan="2">您能放心地与其谈论心里话的亲属有____位</td></tr>
<tr><td rowspan="2">25. 朋友交往</td><td>您每个月至少见一次面或能联系的朋友有____位</td><td>您需要时能帮上忙的朋友有__位</td></tr>
<tr><td colspan="2">您能放心地与其谈论心里话的朋友有____位</td></tr>
</table>

① 如在第 22 题（5）填写一般影响/较大影响/非常大影响，请跳至回答口腔及皮肤健康甲部。

② 如在第 23 题填写一般影响/较大影响/非常大影响，请跳至回答口腔及皮肤健康乙部。

续表

26. 提供照顾	近三个月，您有为以下他人提供照料吗？			平均每月照料	平均每天照料
	（1）配偶	□没有	□有	______天	______小时
	（2）父母	□没有	□有	______天	______小时
	（3）孙子女	□没有	□有	______天	______小时
	（4）兄弟姐妹	□没有	□有	______天	______小时
	（5）子女	□没有	□有	______天	______小时
	（6）亲戚朋友	□没有	□有	______天	______小时
	（7）其他____	□没有	□有	______天	______小时

27. 非正式支持	近三个月，您帮助过不同住的朋友、邻居或亲戚吗？大概多少次？每次花多久？				
	日常起居（个人卫生、做饭做家务、购物）	□没有	□有	____次	____小时
	一般外出（接送、陪同去银行、陪同看病）	□没有	□有	____次	____小时
	临时需求（代领物品、照看小孩、帮忙看家）	□没有	□有	____次	____小时
	情感支持（看望、聊天解闷、答疑解惑）	□没有	□有	____次	____小时
	其他（______________）	□没有	□有	____次	____小时
28. 志愿活动	（1）近一个月，您曾无偿地为以下机构、组织工作过吗？大概多少次？每次花多久？				
	社区服务中心	□没有	□有	____次	____小时
	老年协会或老年团体	□没有	□有	____次	____小时
	学校及各种教育组织	□没有	□有	____次	____小时
	工会或职业性团体	□没有	□有	____次	____小时
	其他______________	□没有	□有	____次	____小时
	（2）近一个月，您曾无偿地参加过以下志愿服务吗？大概多少次？每次花多久？				

续表

28. 志愿活动	邻里互助	□没有	□有	____次	____小时
	社区清洁	□没有	□有	____次	____小时
	青少年教育	□没有	□有	____次	____小时
	治安巡逻	□没有	□有	____次	____小时
	其他______________	□没有	□有	____次	____小时

29. 您所在社区有以下服务吗？近三个月，您使用过吗？多少次？您对使用的服务满意吗？

	有	没有	不知道	使用过____次	没有使用过	很不满意	不满意	一般	满意	很满意
社区综合服务中心				____	□	□	□	□	□	□
长者居家养老服务站（中心）				____	□	□	□	□	□	□
长者日间照料中心（托老所）				____	□	□	□	□	□	□
星光老人之家				____	□	□	□	□	□	□
社区老年学校				____	□	□	□	□	□	□
老年活动中心（室）或社区文化活动中心				____	□	□	□	□	□	□

第五部分　延伸问卷（适用于第二到第四部分符合条件的老人）

一、简易精神状态问卷（SPMSQ）

我们现在问一些简单的问题，想知道您的记性怎样，这些问题不是每个人都能记起的，请尽量回答。

简易精神状态问卷

	正确	不正确	没有回答
1. 今天是星期几？__________	□	□	□
2. 今天是几月份（阳历、阴历均可）？__________	□	□	□
3. 中秋节是农历几月几日？__________	□	□	□
4. 用20不停地减去3，答案是？（17 、 14 、 11 、 8 、 5 、 2，要全中才算答对）	□	□	□

续表

	正确	不正确	没有回答
5. 请说一下您家的地址？________	□	□	□
6. 您家住在哪个区？________	□	□	□
7. 您现在的年龄是________岁？（如果与实际年龄相差不超过5岁，也算答对）	□	□	□
8. 现在中国的国家主席是谁？________	□	□	□
9. 中华人民共和国是什么时候成立的？________	□	□	□
10. 新中国第一任国务院总理是谁？________	□	□	□
总分：________/10			
由访问员完成： 访问日期：________________ 性别：________________ 受教育年限：________________ 教育程度类别：□小学或以下　□中学　□中学以上			

二、家居环境安全评估：以下项目是否存在风险（请以"☑"表示）

基本检视项目	区域					
	客厅	厨房	浴室	卧室	楼梯	备注
地板	□是 □否	□是 □否	□是 □否	□是 □否	□是 □否	
照明	□是 □否	□是 □否	□是 □否	□是 □否	□是 □否	
门槛	□是 □否	□是 □否	□是 □否	□是 □否	□是 □否	
杂物存放	□是 □否	□是 □否	□是 □否	□是 □否	□是 □否	
电线	□是 □否	□是 □否	□是 □否	□是 □否	□是 □否	

续表

基本检视项目	区域					
	客厅	厨房	浴室	卧室	楼梯	备注
其他（请注：　　）	□是 □否	□是 □否	□是 □否	□是 □否	□是 □否	

三、日常生活活动和功能性活动能力

A. 过去三个月，您在以下日常活动时，是否遇到困难？通常由谁协助您？（请以“☑”表示）

		无困难	困难但能完成	困难且需要帮助	无法完成	自己	配偶	儿子	女儿	女婿	儿媳	兄弟姐妹	其他亲戚	孙子女	保姆	其他
1	洗澡	□	□	□	□	□	□	□	□	□	□	□	□	□	□	□
2	个人卫生护理	□	□	□	□	□	□	□	□	□	□	□	□	□	□	□
3	穿上身衣物	□	□	□	□	□	□	□	□	□	□	□	□	□	□	□
4	穿下身衣物	□	□	□	□	□	□	□	□	□	□	□	□	□	□	□
5	步行	□	□	□	□	□	□	□	□	□	□	□	□	□	□	□
6	楼层内的活动	□	□	□	□	□	□	□	□	□	□	□	□	□	□	□
7	做饭	□	□	□	□	□	□	□	□	□	□	□	□	□	□	□
8	普通家务	□	□	□	□	□	□	□	□	□	□	□	□	□	□	□
9	管理个人财物	□	□	□	□	□	□	□	□	□	□	□	□	□	□	□
10	药物处理	□	□	□	□	□	□	□	□	□	□	□	□	□	□	□
11	使用电话	□	□	□	□	□	□	□	□	□	□	□	□	□	□	□
12	上下楼梯（12~14级台阶）	□	□	□	□	□	□	□	□	□	□	□	□	□	□	□
13	购物	□	□	□	□	□	□	□	□	□	□	□	□	□	□	□
14	使用交通工具	□	□	□	□	□	□	□	□	□	□	□	□	□	□	□

B. 在最近三个月内，除靠自己照顾自己外，谁给予您日常生活上最多

的照顾？（单选）

☐ 配偶　☐ 儿子　☐ 女儿　☐ 儿媳　☐ 女婿

☐ 孙子女（或外孙子女）　☐ 孙子女配偶（或外孙子女配偶）

☐ 兄弟姐妹　☐ 朋友　☐ 邻居　☐ 保姆（不包括自费/不自费社区照顾人员）　☐ 其他（请注明：________________）

四、药物记录

序号	药名	服用次数

五、老年医学抑郁量表（GDS-15）

老年医学抑郁量表简表

1. 你基本上对自己的生活感到满意吗？　是/　否
2. 你是否已放弃了很多以往的活动和嗜好？　是/　否
3. 你是否觉得生活空虚？　是/　否
4. 你是否常常感到烦闷？　是/　否
5. 你是否很多时候感到心情愉快呢？　是/　否
6. 你是否害怕将会有不好的事情发生在你身上呢？　是/　否
7. 你是否大部分时间感到快乐呢？　是/　否
8. 你是否常常感到无助？　是/　否
9. 你是否宁愿留在家里，而不爱出外做些有新意的事情？　是/　否
10. 你是否觉得你比大多数人有多些记忆的问题呢？　是/　否
11. 你认为现在活着是一件好事吗？　是/　否
12. 你是否觉得自己现在是一无是处呢？　是/　否
13. 你是否感到精力充足？　是/　否
14. 你是否觉得自己的处境无望？　是/　否
15. 你觉得大部分人的境况比自己好吗？　是/　否

六、疼痛量表（Pain Scale）

没有痛	<-----------				中度	----------->				极痛
0	1	2	3	4	5	6	7	8	9	10

七、口腔及皮肤健康

	请问牙齿、口腔或假牙的问题对你以下各方面有多大影响?	没有影响	很小影响	一般影响	较大影响	非常大影响
甲部：牙齿或口腔	1. 清洁口腔有困难或不方便	□	□	□	□	□
	2. 吃东西	□	□	□	□	□
	3. 说话	□	□	□	□	□
	4. 外貌	□	□	□	□	□
	5. 与别人交往	□	□	□	□	□
	6. 情绪	□	□	□	□	□
乙部：皮肤和足部	1. 过去曾出现压疮	□没有			□有	
	2. 有非压疮的皮肤溃疡（静脉溃疡、动脉溃疡、混合动静脉溃疡、糖尿病足溃疡）	□没有			□有	
	3. 主要皮肤问题（如：损伤、二至三级烧伤以及愈合中的手术伤口）	□没有			□有	
	4. 皮肤撕裂或者割伤（非因手术所致）	□没有			□有	
	5. 其他状况或皮肤状况改变（如瘀伤、皮疹、色斑、带状疱疹、湿疹）	□没有			□有	
	6. 足部问题（如：大趾内侧肿胀、叠趾、锤状趾、感染、溃疡）	□没问题 □ 有，没影响 □ 因足部问题限制步行 □ 因足部问题导致无法步行 □ 足部有问题，但因其他因素导致不利于步行				

照顾者健康和需求调查

照顾者健康和需求调查

您好，为了更好地了解社区患病老人照顾者的身心健康状况和提供的照料服务，我们诚邀您回答以下问题，除特别注明，请您根据自己的情况或者经验回答。回答没有对错之分，大约需要20分钟。谢谢您！【以下题目中的“亲属”指您正在照顾的家人】

第一部分　个人部分

(A) 一般资料						
1. 性别	□男	□女	2. 年龄：__________岁			
3. 婚姻状况	□从未结婚	□已婚	□分居	□丧偶	□离婚	□其他
4. 教育程度	□未受过教育或只上过幼儿园	□小学	□初中	□高中	□大专或大学	
5. 是否在职	是（职业：______全职 半职：______时数／每周）					□否
6. 在世子女数目	________个儿子		________个女儿			
7. 经济来源（可多项选择）	□城镇职工基本养老保险金（包括机关事业单位离退休金）				□工作收入	
	□城乡居民基本养老金		□股份分红		□务农收入	
	□养老服务（原称居家养老服务）补贴		□房屋出租		□最低生活保障金	
	□老人金/保健长寿金		□证券交易收入		□家人及亲友资助	
	□商业保险		□其他________			
8. 自评目前的收入	□非常不足够	□不足够	□刚好够	□足够	□非常足够	

续表

9. 社区状况	□机关、事业单位住宅区		□工矿企业单位住宅区		□未改造的老城区（街坊）	
	□自建住宅		□经济适用房小区		□棚户区	
	□移民社区		□村改居住宅区		□高档商品房/住宅/别墅	
	□普通商品房小区		□两限房小区		□其他__________	
10. 是否独居	□是			□否		
11. 您是否与照顾的亲属同住	□是	□否（由您家到达照顾的亲属家平均需要用多少时间：______分钟）				
12. 除了该亲属外，您还与何人同住（可选多项）	□配偶	□父母	□儿子	□儿媳	□女儿	□女婿
	□兄弟姐妹	□孙子女/外孙子女	□其他亲戚	□保姆	□其他______	
13. 您与亲属的关系	□配偶	□父母	□儿子	□儿媳	□女儿	□女婿
	□兄弟姐妹	□孙子女/外孙子女	□其他亲戚	□保姆	□其他________	
14.1 您已照顾亲属多久	总共________月（例如：照顾亲属的日常起居、吃饭、购物、看医生、吃药等）					
14.2 您最近一个月的照顾时间	________小时／每日（平日）					
	________小时／每日（周末、假日）					
15. 您有否参加过为亲属照顾者提供的服务	有（请注明：__________________）				□否	
（B）健康状况	很差	差	普通	好	非常好	
16. 您现在的身体状况如何？	□	□	□	□	□	
17. 您现在的精神状况如何？	□	□	□	□	□	
18. 您与这位亲属的关系如何？	□	□	□	□	□	

续表

（C）过去两周，您曾否被以下问题烦扰？	完全没有	有时候	超过一半时间	几乎每天
19. 几乎没有兴趣或乐趣去做事	□	□	□	□
20. 感觉情绪低落、抑郁或绝望	□	□	□	□
21. 感到孤独	□	□	□	□

第二部分　照顾情况

	完全没有	一点点	普通	很多	非常多
22. 您是否掌握亲属所患疾病（症状）的知识？	□	□	□	□	□
23. 您是否掌握照顾该疾病患者的技巧？	□	□	□	□	□
24. 您在体能上有多大信心照顾这位亲属？	□	□	□	□	□
25. 您在心理上有多大信心照顾这位亲属？	□	□	□	□	□
26. 您家庭总体上有多大信心可以照顾这位亲属？	□	□	□	□	□
27. 是否曾有专业人士到家中进行家居评估？	□有		□没有		
28. 您认为这位亲属独留在家中有多大危险？	□完全没有	□一点点	□有一些	□很多	□非常多
29. 您认为现时居所有多大程度适合这位亲属住？	□完全不适合	□不适合	□一般	□适合	□完全适合

续表

30. 在以下照顾情形中，您遇到多大程度的压力 §：	从不	很少	有时	很多	经常
30.1 处理日常家务、预备膳食、财物处理、电话使用、购物等	□	□	□	□	□
30.2 处理药物（如定时服药、服用正确分量药物等）	□	□	□	□	□
30.3 照顾日常起居生活（如如厕、洗澡、穿脱衣服、刷牙、剃须等）	□	□	□	□	□
30.4 为照顾这位亲属而作重要决定	□	□	□	□	□
31. 您是否认为 §：	从不	很少	有时	很多	经常
31.1 由于照顾这位亲属使自己的时间不够用	□	□	□	□	□
31.2 在照顾这位亲属与努力做好家庭事务和工作之间，感到压力	□	□	□	□	□
31.3 您在这位亲属身边的时候会觉得烦恼	□	□	□	□	□
31.4 由于照顾这位亲属对您与家人和朋友之间的关系带来负面影响	□	□	□	□	□
31.5 您在这位亲属身边的时候会觉得紧张/有压力	□	□	□	□	□
31.6 由于照顾这位亲属而令自己身体健康受到影响	□	□	□	□	□
31.7 由于照顾这位亲属而令自己没有时间办私事	□	□	□	□	□
31.8 因为照顾这位亲属而影响了自己的社交生活	□	□	□	□	□
31.9 自从这位亲属生病之后按照自己的意愿生活已经不可能了	□	□	□	□	□

续表

31.10 您对照顾这位亲属有不知如何是好的情形吗	□	□	□	□	□
31.11 您觉得应该为这位亲属做更多的事情	□	□	□	□	□
31.12 您觉得在照顾这位亲属方面可以做得更加好	□	□	□	□	□
31.13 整体而言，您怎样评价照顾这位亲属的压力	□无	□轻	□中	□重	□极重
32. 在以下照顾情形中，您认为§：	非常不够	不足够	一般	足够	非常够
32.1 为照顾这位亲属所需的经济资源	□	□	□	□	□
32.2 您身边的亲友对您的帮助和支持	□	□	□	□	□
33. 亲属有否其他照顾者（若有，请勾选该照顾者与亲属的关系）	有：□配偶 □父母 □儿子 □儿媳 □女儿 □女婿 □孙子（女）/外孙子（女）□兄弟姐妹 □其他亲戚 □保姆 □其他				□无
34. 亲属有否使用过本中心提供的服务	有（注明起始时间：____年____月____日（每周____天）				□否
35. 评估该亲属目前在以下方面的情况	很差	差	普通	好	非常好
35.1 身体状况	□	□	□	□	□
35.2 情绪状况	□	□	□	□	□
35.3 康复动机	□	□	□	□	□
35.4 生活不能完全自理后的生活适应情况	□	□	□	□	□

调查员手册

广州市番禺区社区老人健康和照顾状况调查《调查员手册》

2016年11月至2017年4月，香港大学秀圃老年研究中心在广州市番禺区进行一次随机问卷调查——“广州市番禺区社区老人健康和照顾状况调查”。番禺区民政局有关领导对这项社区老人及其主要亲属照顾者的调查研究非常关心，我们的研究报告将提交区有关部门。这次调研也是香港大学秀圃老年研究中心与“广州正阳”为期一年的“中国城市老年友好型社区初探”项目的重要基础研究要求。为了保证这次调查的质量，体现与广州作为国际化大都市相匹配的调研水平和调查员素质，我们编写了《调查员手册》。请参与本次调查的4个街道社区的指导员和调查员，以及有关老师和学生认真阅读，统一口径，严格执行。

（一）调查的意义和特点

习近平总书记在2016年5月27日中共中央政治局就我国人口老龄化的形势和对策举行集体学习时作了重要讲话，明确指出：“要加强老龄科学研究，借鉴国际有益经验，搞好顶层设计，不断完善老年人家庭赡养和扶助……政策，增强政策制度的针对性、协调性、系统性。”我们这次开展的2016—2017年“广州市番禺区社区老人健康和照顾状况调查”，就是贯彻落实习总书记讲话精神的具体体现，也是香港大学秀圃老年研究中心与“广州正阳”为期一年的“中国城市老年友好型社区初探”项目的重要基础研究要求。其意义和特点主要表现在以下三个方面。

其一，开展社区50岁及以上的老人生活状况、健康状况、社会活动和社会交往以及社区服务使用情况的抽样调查，在番禺区尚属首次。搞好这次调查，可以深入了解城区老人的健康和社会活动情况，为养老工作的顶层设计和整体规划提出更有针对性和科学性的建议。

其二，开展以照顾社区老人的亲属（包括朋友、邻居，下同）状况、照顾压力和需求为重点的抽样调查，在番禺区尚属首次，在我国其他省、自治区、直辖市中也尚少进行。搞好这次调查，对于深入了解社区老人目前的受照顾状况特别是亲属照顾者的照顾压力和需求，向市、区政府有关部门提出更有针对性和前瞻性的建议，以帮助解决居家老人亲属照顾者遇到的困难，进一步改善社区老人和家庭的生活质量，具有重要意义。

其三，这次调查，不仅保证调查500名社区老人及其主要照顾者，而且调查内容还汲取了许多国外及我国香港和台湾地区同类调查问卷中的相关内容。为了增强本次调查内容与境外同类调查的可比性，在这次番禺区调查问卷中仍引入了国外及我国香港和台湾地区通用的一些问题和量表。其中部分量表特别是有关心理健康的量表虽经“本土化”和“口语化”处理，但内容仍较复杂，可能不能完全适合本地居民的语言思考习惯，因而要求调查员热情、耐心、细致地进行访谈。

（二）调查对象和抽样方法

1. 调查对象

居住在广州市番禺区内，截至2016年12月31日满50岁及以上（即1966年及以前出生）、认知能力没有困难或有部分困难、有亲属（包括朋友、邻居，下同）照顾的居家老年人及其主要亲属照顾者。

2. 调查人数

调查100位社区老年人或主要照顾他们的亲属。以4个社区，每个社区调查25名老年人及其主要照顾者推算。

3. 调查点及对象分配

区名	社区名	调查样本数
番禺区	钟村社区	25名老年人与主要照顾者
番禺区	沙头社区	同上
番禺区	榄核社区	同上
番禺区	东环社区	同上

4. 抽样程序及要求

本次调查的对象来源：一是社区服务中心登记的服务名单；二是政府资助的居家养老服务名单。统一编码，形成调查对象名册。

5. 跟踪调查访问程序及要求

筛选被调查老年人、老年人代表和亲属照顾者时，应注意以下几方面内容。

（1）调查员根据《广州市番禺区社区老人健康和照顾状况合格调查对象名册》中的老人名单，分别在中心或者上门访问被调查老年人。首先将《建设中国城市老年友好型社区实证初探》自编研究问卷的前言向老年人简要介绍，讲清本次调查意义，请老年人放心回答；如老年人同意调查，即送上小礼品。

（2）调查员按问卷第一部分中的第1题内容了解被调查老人的听力状况（如有助听器的，应以使用助听器为准）。调查员可以邀请代理人代为回答该问题及本问卷以后的问题。

（3）调查员按问卷第一部分中的第2题内容了解被调查老年人的认知能力（简易精神状态问卷）。在填写认知功能总分时，凡有1项回答“不正确”或“没有回答”，则计为1分。如需老年人的代表回答，需填写代理人和老人的关系，也应征得代表本人的同意并商量继续代回答还是另约时间访问。

评估被调查老人是否适合亲自回答的准则
在没有记忆帮助的环境下，指看日历或看报纸等，受测者逐条回答问题，答对题目得0分，每错1题得1分。当受测者非常合作地接受测试时，如果拒绝回答某一问题，则往往表示受测者不知道答案，该题要记录为错误。 量表分数由10题分数相加而得，分值范围为0到10分。0分表示全对，10分表示全错。在用受测者答错的题目数对受测者进行分类时，费弗发现要考虑受测者的受教育程度以及种族因素，但是对老年华人研究发现，种族无须考虑，而要考虑受测者的受教育程度。 如果受测者是小学或以下的受教育程度，在每一个类别中允许错多1题，例如错0~3题为认知功能完好。如果受测者受过中学教育，错0~2题为认知功能完好。如果受测者受过中学以上教育，在每一个类别中允许错误的数目会减少1题，即错0~1题为认知功能完好。 建议把受测者的受教育程度分成三类：小学或以下；中学；中学以上。 对于中学教育程度的受测者，建议的分类标准为： 错0~2题认知功能完好（INTACT INTELLECTUAL FUNCTIONING） 错3~4题认知功能轻微受损（MILD INTELLECTUAL IMPAIRMENT） 错5~7题认知功能中度受损（MODERATE INTELLECTUAL IMPAIRMENT） 错8~10题认知功能严重受损（SEVERE INTELLECTUAL IMPAIRMENT）

附录：正确回答的定义
1. 说出准确的星期几 2. 说出准确的月、日 3. 说出准确的月、日 4. 出声运算，直到最后答案，过程要全部正确，如果受测者拒绝运算，则记为错 5. 说出正确的答案（以普遍采用的行政区划为准），如果是院舍老人，回答院舍所在的地区也为正确 6. 说出正确的答案（以普遍采用的行政区划为准） 7. 说出准确的年、月（阳历或阴历都为正确）与实际年龄相差不超过 5 岁，即记为正确，用人口特征的数据来计算实际年龄 8. 说出正确姓名 9. 说出准确的年份 10. 说出姓名，周恩来、周翔宇或周伍豪都记为正确

（4）调查员在调查回来后，需分别在注明该名被调查老年人问卷编号的《被调查老人参与调查同意书》《被调查老人代表参与调查同意书》《被调查老人主要照顾者参与调查同意书》中代签上自己姓名①，以表示被调查老年人、代表和主要照顾者同意参与本次调查，请把同意书与填写好的《调查问卷》一起交给指导员。

（三）参与调查人员及其分工

1. 调查负责人

香港大学社会工作及社会行政学系秀圃老年研究中心总监、香港大学社会工作及社会行政系副教授楼玮群博士；协助调查负责人为香港大学社会工作及社会行政学系秀圃老年研究中心研究员何志娟，以及香港大学社会工作及社会行政学系博士生刘惠颖、孙茜。

2. 调查人员

每个社区聘请 1 名指导员和约 4 名调查员。指导员负责本街道调查组织、指导和调查问卷检查工作；调查员拟请社区服务中心长者领域/残康领域的负责同事，负责具体摘录合格调查对象名册、调查符合条件的社区

---

① 如本次调查不需要访问代表，则调查员不要在《被调查老人代表参与调查同意书》中代签上自己姓名。

老人和亲属照顾者，平均每个调查员约调查35位老人（或老人代表）和有照顾需要的老人的主要照顾者。

3. 联系人员

香港大学社会工作及社会行政学系秀圃老年研究中心团队老师和研究人员分工联系各社区。

（四）调查问卷填写说明

1. 总体要求

（1）在访问每1名被调查的老年人时，应带1套问卷，包括《社区老人健康和照顾状况调查表》《附件》《社区老年人照顾者健康和照顾状况调查表》，根据不同情况灵活使用；1套同意书，包括《被调查老人参与调查同意书》《被调查老人代表参与调查同意书》《被调查老人主要照顾者参与调查同意书》；同时，应带3份小礼品，1份给老人，1份给主要照顾者，1份视情况赠送，如老人的代表又是老人的主要照顾者，就不要重复赠送。

（2）在访问被调查老年人或代表、主要照顾者时，应使被访者了解本次调查的意义，消除如实回答问题的顾虑，送上小礼品并告诉他们回答问卷约需45分钟，希望他们理解和支持。

（3）调查员在每份问卷的首页“问卷编号”栏内填入《广州市番禺区社区老人健康和照顾状况合格调查对象名册》中该被调查老人的相应问卷编号。

番禺（PY）钟村（ZC）沙头（ST）榄核（LH）东环（DH）

例如：番禺东环社区的第一位老人：PY-DH-001E

番禺东环社区的第一位老人的照顾者：PY-DH-001C

番禺东环社区的第一位老人的代理人：PY-DH-001P

（4）如被调查老人特别是老人代表和主要照顾者身体较好并能看懂调查问卷内容，可请他们当场自己填写；如他们当时没空，也可与主要照顾者另约时间，逐一填答。

（5）调查员在调查前应熟悉问卷内容和准确理解问题含义，在访问时严格按照问题内容提问与介绍，不能因讲方言追求通俗化而使被访者误解内容。在调查中若遇到不易确定的问题，不能自作主张，应在相应问题处作详细注释，及时请教指导员和联系人。

(6) 调查员在调查中应持认真负责的态度和实事求是的作风，对被访者要尊重、热情、耐心。如有些被访者听力衰退很严重，调查员应不厌其烦地大声提问和解释。同时，注意不能诱导被访者按调查员的好恶去回答问题。

(7) 在被调查老人或代表、主要照顾者回答问题时，应尽可能单独提问、单独回答，不让其他人在场。

(8) 在调查时不要随意变更问题次序，并注意问题间的逻辑关系，该跳的地方要跳，不该跳的问题不能漏。除非有"跳问"的提示附在问题后面，否则切勿漏空任何一题。对于回答"是/否"和"有/没有"的问题，必须在适当的方框内打钩，不能以漏空代表"否"或"没有"。

(9) 如被访者对某个问题拒绝回答，应在该问题序号左边空白处注明"拒答"；如被访者对某个问题讲不清楚，应在该问题序号左边空白处注明"讲不清"。

(10) 除了少部分注有"可以多选"字眼的问题外，问卷内其他问题都只能选一个答案。在调查某些只能选择一个答案的问题时，如"您的教育程度""您与您的主要照顾者是什么关系"，调查员不需把回答的选择答案一项一项地读给被访者听，而只需让被访者直接回答是什么，调查员再根据其回答确定选择答案。

(11) 调查员要注意问题涉及的时间要求，如"最近3个月""最近1个月""近半年内"。

2. 具体操作要求

第一部分：筛查部分（问题1至2）

(1) 问题1：评估被调查老人的听力是否可以作为本次调查对象。

1.1 听力严重丧失至不能听到（包括戴上助听器）调查员提出的问题及回答，调查员可以邀请代理人代为回答该问题及本问卷以后的问题。

1.2 代理人能全权代表老人回答该问卷的所有问题，并能真实反映老人的情况。老人和该代理人的关系不局限于家人，可包括熟悉老人现状的家人、朋友、保姆等。

1.3 如有代理人需要时，需填写代理人授权同意书。

（2）问题 2：评估被调查老人的认知能力是否可以由本人亲自回答问题。

2.1 对于极少/从未能理解别人的意思的老人，调查员可以邀请代理人代为回答之后的问题。

2.2 如果需要被调查老人的代表参与，调查员可邀请当时在被调查老人身边及对被调查老人的状况较了解的人作为代表（也可以为被调查老人的主要照顾者）；取得代表的参与同意后，请代表代替被调查老人继续回答。

第二部分：个人资料（问题 3 至 15）

（3）问题 4：受访者性别可观察得知，无须问对方。

（4）问题 5：阴历/阳历都可。答岁数的在空白处注明。最好有身份证/社保证/老人证等资料辅助。

（5）问题 6：注意这题所问的子女必须在世，可包括领养的子女。

（6）问题 10："务农、退休、读书、工作、失业"为平行选项，可多选；工作分类中，"全职、兼职、散工、自雇、其他"为单选。

（7）问题 11：受访者可选择多项收入来源。

（8）问题 12：如为从业人员，应为扣除个人缴纳的社会保险费、公积金和所得税后的收入。

（9）问题 14：填写一般安全/不安全/很不安全，请跳至回答家居环境安全评估（专指室内）。如表达与事实相差很多，在备注中注明，以事实为准；逐条对项目进行"是""否"的单项勾选；在"其他"选项适当填写未列出的项目。

第三部分：健康状况（问题 16 至 23）

（10）问题 16.1：如果老人自评一般/差/很差，请跳至回答日常生活活动和功能性活动能力 A 部分，注意是对"过去三个月内"的各项活动能力和协助完成的情况进行作答。每一项最多填一名主要照顾者。

对日常生活和功能性活动能力 B 部分问题的回答，完成对主要照顾者的界定，当遇到两个或两个以上协助活动相同的人选时，请被调查的老人或者代理人勾选其中一位，并邀请该位照顾者了解和签署照顾者问卷访谈同意书，参与照顾者健康和需求情况调研。

作答日常生活和功能性活动能力 B 部分问题，请结合 A 部分内容选择“在最近三个月内”给予老人家常生活照顾最多的一位照顾者。如果 B 部分问题回答选中照顾最多的是保姆，保姆不参与作答。请参照 A 部分内容选出第二照顾者，作答照顾者问卷。

（11）问题 17：调查员需逐项询问受访者并举出附在疾病种类后面的疾病名称，注意这里是问被调查老人有没有持续地受某些疾病影响，而这些疾病又是使他/她需要定期复诊或吃药的；若受访者说出表中没列出的疾病，请填在“其他（请注明：____）”中，并补充填写药物记录。

（12）问题 18：如被调查老人在 18（2）中填写“有时”“超过一半时间”或“几乎每天”，请填写老年医学抑郁量表（GDS-15），计分方法如下。

对于老年医学抑郁量表各条目的回答，“是”计 1 分，“否”计 0 分。这样，原表共包含 30 个条目，总分 0~30 分。根据布林克等人的建议（Brink et al.，1982），原表以 11 分为临界值，得分在 0~10 分为正常范围，得分 11 分或以上则可能有抑郁症状。

老年医学抑郁量表简表的计分方法与原表相同，也是“是”计 1 分，“否”计 0 分。简表共 15 个条目，得分范围为 0~15 分。根据胡今方等人的说法，简表在白种人中以 6 分为临界值，0~5 分为正常范围，得分在 7 分或以上表明可能有抑郁症状。在对我国香港地区老年人的研究中，胡今方等人建议以 8 分作为简表的临界值，0~7 分为正常范围，8 分或以上则表明可能有抑郁症状（Woo et al.，1994）。分值越大，表明抑郁症状越严重。

（13）问题 19：如被调查老人“过去三日内”有疼痛状态，应填写疼痛量表，确定疼痛级数。

（14）问题 21：如被调查老人有眼镜，应以戴眼镜后和充足光线下的视力为准。

（15）问题 22：如被调查老人的牙齿有“一般影响”“较大影响”或者“非常大影响”整体健康和生活，请跳至回答口腔及皮肤健康甲部：牙齿或口腔。

（16）问题23：如被调查老人的皮肤有“一般影响”“较大影响”或者“非常大影响”生活起居，请跳至回答口腔及皮肤健康乙部：皮肤和足部。

第四部分：社会活动及社区服务使用（问题24至29）

（17）问题24：注意“每月”。问题中的“亲属”/“家人”包括任何家人和亲戚，例如配偶、子女、孙子女、外孙子女及他们的配偶、兄弟姐妹等“亲属”。保姆除外。

（18）问题25：注意“每月”。问题中的“朋友”也可以包括“邻居”。如果受访者问“邻居”能否计算在内，调查员应告诉受访者只要他/她觉得该“邻居”是“朋友”，便可计算在内。

（19）问题26：注意26（1）“近三个月”；26（2）“单选”；26（3）计算时数是“近一个月”。

（20）问题27：问题的时间要求是最近三个月内；请逐项询问每项服务，顺序为先问“是否帮助过……吗？”，然后问“哪些类型？还有没有没有提到的内容？”“多少次，每次多长时间”。请调查员在相应选项前打钩和填写时间，不要漏填。

（21）问题28.1：问题的时间要求是最近一个月内；请逐项询问每个组织，顺序为先问“是否为以下组织服务过”，然后问“还有没有没有提到的服务”“多少次，每次多长时间”。若被调查老人有进行服务，请调查员在相应选项前打钩和填写时间，不要漏填。

（22）问题28.2：问题的时间要求是最近一个月内；请逐项询问每项活动，顺序为先问“是否无偿参与以下志愿服务”，然后问“还有没有没有提到的服务”“多少次，每次多长时间”。若被调查老人有进行志愿服务，请调查员在相应选项前打钩和填写时间，不要漏填。

（23）问题29：问题的时间要求是最近三个月内；请逐项询问每项服务，顺序为先问“所在社区是否有以下服务”，然后问近期“是否使用过……服务”。如果有，在框内填写“次数”和“服务的满意度如何”。

附录二：

广州市番禺区正阳社会工作服务中心
居家安全改造机制

一、改造机制（流程图）

序号	流程	具体安排	所需工具
1	提出申请	社会工作者通过社区走访、建档发掘潜在服务对象； 服务对象向村居委、居家养老服务平台、社会工作站等提出申请。	附件1：适老化改造对象档案表 附件2：访谈记录表
2	上门评估	社会工作者与服务对象沟通后，安排时间对服务对象的活动能力、居家环境进行上门评估。	附件3：居家安全评估量表
3	签订协议	根据评估结果，社会工作者与服务对象或其家人协商整改方案； 整改方案定稿后，社会工作者安排施工单位与服务对象或其家人签订施工协议。	附件4~6：整改方案、接受资助声明、委托施工协议
4	上门整改	施工单位按照施工协议进行上门整改，将施工前、施工中和施工后的现场拍照留底。	
5	过程监督	社会工作者与服务对象或其家人在施工过程中有权对施工单位的改造物料、手法、效果等进行监督，并提出调整意见。	
6	竣工验收	施工单位按照协议完成工程后，服务对象或其家人需对整改情况进行评价并验收。	附件7：验收证明
7	使用反馈	社会工作者会在竣工验收后一周内回访服务对象，了解其对于整改工程的使用反馈情况。	附件8：改造回访表

二、改造机制附件（附件1~8）

附件1 适老化改造对象档案表

一、个人基本资料					
姓名		出生年月		性别	
语言		籍贯		信仰	
受教育程度		所属居委			
电话		居住情况			
联系地址					
紧急联系人		紧急联系人电话			
二、家庭状况					
（一）家庭成员状况					

姓名	性别	年龄	关系	身体情况	文化程度	婚姻状况	职业、工作单位	月收入

（二）家庭成员关系图及互动图

【家庭图表示】□ 男性 ○ 女性 ☒ 或 ⊗ 死亡

关系亲密 ═══ 正常 —— 疏远 ---------- 关系紧张 ∿∿∿

家庭关系描述：

续表

三、个人经济情况			
收入来源	□无收入 □退休金 □政府补贴 □子女赡养 □亲友资助 □其他______		
月收入金额	□0 □1～1000 元 □1001～2000 元 □2001～3000 元 □3001～4000 元 □4001～5000 元 □5000 元以上		
月支出方向	□日常生活伙食 □医药费 □旅游 □娱乐生活/兴趣爱好（书法、跳舞、摄影等）		
个人保险	□医保 □社保 □人寿 □其他		
四、个人身体情况			
（一）个人自理情况			
内 容	是	否	详细描述
在家行动是否方便			
是否能自己吃饭			
是否能自己穿衣			
是否自己洗漱			
是否能自己做饭			
上厕所是否需要协助			
外出是否需要他人协助			
（二）个人病史及相关			
常患疾病	□高血压 □糖尿病 □风湿病 □白内障 □冠心病 □中风 □其他		
具体情况描述			
五、社会支援及社会交往网络			
工作单位津贴			
居委支持情况			
邻里沟通情况			
亲戚看望情况			
朋友相处情况			
日常娱乐活动			

续表

六、家居安全设施	
内 容	描述
是否住在小区，周边环境，家居安全性	□商品房 □自建楼房 □其他______（如暂住亲戚朋友家、租房等）
居住楼层，房屋大小，室内环境光线是否充足、整洁	面积：______m^2；______房______厅；
上下楼是否有电梯，楼梯安全情况	
楼梯、走道光线是否充足，有无灯管	
房屋家电设备情况	
社区文化环境	
其他	

附件 2 访谈记录表

访谈时间：________ 访谈性质：□社区走访 □居家探访 □电话访谈							
受访人姓名		性别		出生年月		*访谈编号	
访谈次数		常住地址					
当次访谈人次		联系方式					
负责社工							
访谈目的							
访谈过程记录							
社工评估							
处理结果	□无须跟进 □访谈跟进 □转成个案 □介绍中心其他服务 □转介						

续表

其他说明	
备注：访谈编号实例说明： 1. 社区访谈/家庭访谈：PYSB-F-O001-201208（ZY3015）表示家庭服务组 ZY3015 的同工在 2012 年 8 月第 1 个社区走访或家庭探访，字母 O 表示外展（outreach）； 2. 电话访谈：PYSB-F-T001-201208（ZY3015）表示家庭服务组 ZY3015 的同工在 2012 年 8 月第一个电话访问，字母 T 表示电话访谈（telephone interview）。	

附件 3　居家安全评估量表

A. 长者活动能力评估表				
过去三个月，您在以下日常活动时，是否遇到困难？通常由谁协助您？（请以"☑"表示）				
	无困难	困难 但能完成	困难 且需要帮助	无法完成
1. 洗澡	□	□	□	□
2. 进食	□	□	□	□
3. 如厕	□	□	□	□
4. 个人卫生护理	□	□	□	□
5. 穿脱上身衣物	□	□	□	□
6. 穿脱下身衣物	□	□	□	□
7. 外出步行	□	□	□	□
8. 楼层内的活动	□	□	□	□
9. 上下楼梯 （12~14 级台阶）	□	□	□	□
10. 做饭	□	□	□	□
11. 普通家务	□	□	□	□
12. 管理个人财物	□	□	□	□
13. 药物处理	□	□	□	□
14. 使用电话	□	□	□	□
15. 购物	□	□	□	□
16. 使用交通工具	□	□	□	□

续表

17. 与三个月前相比较，您在进行以上日常活动能力的改变？ □变好　□一样　□变差		
18. 在最近三个月内，在以上活动中，谁经常照顾您？（请按提供照顾的多少进行排序，“1”为最多，“2”为其次，以此类推；若 1~16 均选择无困难，则不需回答此题） □配偶　□儿子　□女儿　□女婿　□儿媳 □兄弟姐妹　□孙/外孙子女（或孙/外孙子女的配偶）　□其他亲戚 □朋友/邻居　□家庭保姆（不包括自费/不自费社区照顾人员） □其他（请说明：________）（包括社区照顾人员）		
19. 在室内和户外，您分别采用何种形式进行活动？		
	室内	户外
a. 没有辅助器材	□	□
b. 拐杖	□	□
c. 助行器	□	□
d. 电动车或者电动轮椅	□	□
e. 非电动轮椅	□	□
f. 其他，请说明：		
20. 在过去一个月内，通常每周外出（以出门口为准，不考虑距离）的天数是？ □每天　□每周 2~6 天　□每周 1 天　□没有外出		
B. 居家环境安全评估量表		
基本资料： 姓名：____ 居住地点：____市（州）____县（区）____街____社区____号 屋龄：____年　65 岁或以上：____位 家中是否有行动不便的人：____无____有 居住情形：____三代同堂____两代同堂____独居____其他		

续表

一、整体	分数				备注
	0	1	2	3	0：没有；1：不好；2：普通；3：良好
1. 照光够明亮，方便老人可以看清屋内物品及家具、通道等位置					1：白天需要开灯光才够明亮，通常开灯 2：白天需要开灯光才够明亮，但通常不开灯 3：白天不需要开灯，光照就够明亮
2. 屋内的电灯开关都有明显的特殊设计（例如：有开关外环显示橙或荧黄贴条）					1：无明显特殊设计 2：有明显特殊设计
3. 光线强度不会让老人感到眩晕或看不清物品位置					1：光线较弱，看不清物品 2：光线较强，使人感到眩晕 3：光线强度适中，使人眼睛舒适且能看清楚物品
4. 地板铺设不反光且采用防滑的材质					1：铺设反光但不防滑的材质 2：铺设不反光或防滑的材质 3：铺设不反光且防滑的材质
5. 家具（椅子、茶几等）足够坚固，在依靠它协助行动时可以提供支持					1：不够坚固且不能提供支持 2：足够坚固且能提供支持
6. 家具（椅子、茶几等）边缘或转角处光滑无直角突出（圆弧形），不易绊倒人					1：尖锐直角，易绊倒人 2：圆弧形，不易绊倒人
7. 家中老人常使用的椅子高度（质地较硬）可使其容易起身及坐下，并配有护手以协助移动					1：椅子高度不适合老人起身坐下且无护手 2：椅子高度适合老人起身坐下并配有护手
8. 老人所需使用的设备（如轮椅、拐杖、半拐杖、助行器等）都放在固定位置方便使用					1：未放在固定位置 2：放在固定位置
9. 无高度与地面落差太大的门槛					1：落差超过 10cm 以上 2：落差在 10cm 以内 3：无落差（0cm 平地）

续表

10. 固定延长线与电线					1：无固定且易绊倒人 2：固定且不易绊倒人
11. 门距够宽，可让老人容易进出					1：宽度在 90cm 以下 2：宽度 90～100cm 3：宽度在 100cm 以上
二、浴室	分数				备注
* 浴室与厕所分开 * 厕所设置在外面 * 到浴室的通道能无障碍行动	0	1	2	3	0：没有　1：不好 2：普通　3：良好
1. 门槛与地面落差不大，不会让人绊倒					1：门槛超过 20cm 以上 2：门槛 15～20cm 3：门槛 10～15cm
2. 地板经常保持干燥					1：经常潮湿 2：偶尔潮湿 3：地板干燥
3. 浴室地板铺设防滑排水垫					1：未铺设防滑排水垫 2：有铺设防滑排水垫
4. 马桶旁设有抓握的固定扶手可用，且扶手高度为 42～45cm					1：未设有扶手 2：设有扶手但高度不适当 3：高度 42～45cm
5. 洗手台旁设有抓握的固定扶手可使用					1：未设有扶手 2：设有扶手且可使用
6. 使用坐式马桶且高度适当，可方便老人起身及坐下					1：非坐式马桶 2：坐式马桶但高度不适当 3：高度适当，约 80cm
7. 采用上下开关式水龙头					1：未采用上下开关式水龙头 2：采用上下开关式水龙头
8. 加装夜间照明装置，例如感应式或触控式小灯					1：未装有夜间小灯 2：装有夜间小灯

续表

三、卧室	分数				备注
	0	1	2	3	0：没有　1：不好 2：普通　3：良好
1. 夜灯或床侧灯光足够提供夜晚行动					1：没有留夜灯 2：留有夜灯但光度不足够 3：留有夜灯且光度足够
2. 从床到浴室的通道能无障碍行动（尤其是晚上） *卧室放有尿桶					1：通道有障碍且影响行走 2：通道有障碍但不影响行走 3：通道无障碍
3. 床的高度合适（膝盖高度，约 45~50 厘米），上下床能安全移动					1：床的高度低于 45cm 或高于 50cm 2：床的高度约 45~50cm
4. 床垫边缘能防止下跌，床垫的质地较硬（以提供良好的坐式支持）					1：两者均未符合 2：能防止下跌或床垫较硬 3：能防止下跌且床垫较硬
5. 地板不滑且平整无突出，不会被绊倒					1：两者均未符合 2：地板不滑或平整无突出 3：地板不滑且平整无突出
6. 家具及墙壁有特殊防护设计（如铺设软布、转角处装上保护装置）					1：无特殊防护设计 2：有特殊防护设计
7. 床边放置手电筒与电话（手机）					1：尚未放置手电筒或电话 2：放置手电筒或电话 3：放置手电筒与电话
四、厨房	分数				备注
	0	1	2	3	0：没有　1：不好 2：普通　3：良好
1. 老人能够拿到储藏室的东西，不需踮脚尖或椅子					1：需要椅子 2：需要踮脚尖 3：不需要踮脚尖或椅子
2. 地板保持干燥不油腻					1：潮湿且油腻 2：潮湿或油腻 3：干燥不油腻

续表

3. 照明充足，尤其是在夜间留有一盏小灯					1：照明不足且未留小灯 2：照明不足或未留小灯 3：照明充足且留有小灯
注： 1. 资料仅用于居家环境评估。 2. 上述量表中各项后面都有相应的分值，将各项分值相加，得分总值越大，说明居家环境越安全，反之则表明居家环境需要改进。 上述各项评估指标中，凡是得分在 2 分以下的均为需要改进选项。					

附件 4　整改方案

××××适老化居家改造项目方案

一、实施单位

主办方：

实施方：

二、活动目的、目标

目的：提高社区居民关注长者防跌倒的意识，降低长者跌倒的风险。

目标：1. 评估长者居家跌倒的危险性。

2. 为潜在长者设计居家安全计划，设置 1~2 项项目改造。

三、活动对象

×××

四、活动时间

×××

五、活动地点

×××

六、活动内容及审批

序号	时间	内容	人员
负责人审批意见	签名：　　　　日期：		
指导/督导意见	签名：　　　　日期：		

附件5　接受资助声明

居家适老化改造接受资助声明

本人（姓名）______（身份证号）________________接受长者居家改善计划资助，在本人位于广州市______________________________________的住所进行居家安全改造，方案包括：

1.

2.

3.

本人已知晓并承诺全力配合接下来的项目程序（包括但不限于协调邻里关系、按照要求提供房产证等权属证明、提供适宜的工作场所等）。施工前或过程中，如发现房屋存在安全隐患，应该立即告知施工人员，上报项目专家评审会，积极商讨对策，协调解决问题。

受资助人签名：

见证人签名：

日期：

附件6　委托施工协议

居家适老化改造委托施工协议

甲方（委托人）：　　　　　　　　　身份证号：

住址：

乙方（施工方）：

甲乙双方就甲方委托乙方对其位于广州市________________住所进行居家安全改造事宜，经双方友好协商，达成协议如下。

第一条：到户评估

施工方上门评估人员会对长者居家改造内容提出专业意见，长者本人及家庭成员需认真听取并提出自己的想法和意愿。上门评估人员会根据长者本人及家庭成员的想法和意愿修正安全改造预案，如长者及家庭成员无异议则按预案进行安全改造与辅助用品的提供。

第二条：施工改造

1. 在进行居家安全改造过程中，长者及其家属应协调处理好邻里关系，为施工方提供适宜的工作场所。

2. 在进行居家安全改造的过程中，可能需要长者暂时居住到其他地点，待施工结束后长者返回原住处，请长者及家庭成员主动配合。

3. 施工方对于所提供的安全防护设施及辅助用品经严格筛选，对于设施及用品质量使用方法做到最大的安全性和舒适性，敬请长者放心使用。

4. 长者居家安全改造设施是为了更好地保障长者居家生活的安全、舒适及便利，家庭其他成员不可将防护设施改作他用，或在设施上晾晒、搁置、加装其他物品。

5. 对于已经完成居家安全改造的长者家庭，如发现防护设施有松动、不稳等情

续表

况，请停止使用并应立即向本街道家庭综合服务中心人员或施工方提出整修，施工方会及时派人员上门维修。对于辅具类设施，在交付之日起一年内，因正常合理使用导致的损坏，将由施工方免费保修，但因使用不当或人为损坏则不在此列。如在保修期外发生损坏，请向资助方另行申请资助或自费更换。 第三条：免责声明 1. 居家安全改造是一项公益性项目，旨在提高长者居家生活的安全性及提高长者自理自立的能力，但仍不能完全排除长者在居家范围内发生意外的可能性，也不构成对长者居家生活的绝对安全作任何承诺或保证。因此，敬请长者自身提高居家安全意识，施工方不承担长者居家安全发生意外的相关责任。 2. 鉴于接受资助长者居所修建期较长，可能在施工过程中出现瓷砖碎裂、墙体剥落、水管打穿等情况，施工方会及时修补恢复，但对于房屋原有失修残漏，施工方不负修缮责任。 第四条：协议生效 本协议自甲、乙双方签字盖章之日起生效。本协议一式贰份，甲、乙双方各执一份，均具有同等法律效力。 甲方（委托方）：　　　　乙方（施工方）： 签约人：　　　　代理人： 施工地址：　　　　见证人签名： 日期：　　　　日期：

附件 7　验收证明

验收证明 本人____________（身份证号）______________________接受××××计划资助，对本人位于广州市______________________的住所进行居家安全改造，方案包括： 1. 2. 3. 4. 本人确认以上辅具符合申请要求，没有质量问题，可正常使用；确认以上工程类改造符合约定要求，可正常使用。对于已施工安装的安全防护设施及生活辅助用品，本人同意按上门访问人员的讲解和使用说明书合理使用。 受资助人签名：　　　　工程人员签名：　　　　见证人签名： 日期：　　　　日期：　　　　日期： 温馨提示：辅具类由签收日起一年内免费保修，一年后由使用人自行保养。工程类改造需当场验收，如不符合要求请提出修改意见，如未经验收擅自使用，视为验收合格，由使用者负责后期保养问题。如发现产品老化、松动、不稳等情况，请勿继续使用，请向资助方再申请资助或自费更换。

附件 8　改造回访表

<table>
<tr><td>回访时间：</td><td>街道：</td></tr>
<tr><td>对象姓名：</td><td>改造地址：</td></tr>
<tr><td colspan="2">已完成的安全改造内容：</td></tr>
<tr><td colspan="2">1. 对加装防护设施的使用感受：
□非常满意　□满意　□一般　□不满意　□非常不满意
2. 对修葺改造的满意度：
□非常满意　□满意　□一般　□不满意　□非常不满意
3. 对项目社工工作的满意度：
□非常满意　□满意　□一般　□不满意　□非常不满意
4. 我对项目以后工作的期望或建议：________________
5. 如果总分为 10 分，我会为本项目打______分</td></tr>
<tr><td colspan="2">存在风险因素：（安装产生风险、长者使用风险、未改善区域风险、长者满意度）</td></tr>
<tr><td colspan="2">下一步期望的安全改造内容：</td></tr>
<tr><td>是否愿意自费改造：□是　□否</td><td>可接受的自费金额：</td></tr>
<tr><td colspan="2">回访社工签名：</td></tr>
</table>

附录三：

番禺区老年服务资源

社区卫生（医疗）服务站				
序号	街道	机构名称	地址	电话
1	市桥街	市桥街北片社区卫生服务站	市桥街光明北路 47 号	84836043
2		市桥街东片社区卫生服务站	市桥街坑口路 84 号	34600544
3		市桥街西片社区卫生服务站	市桥街捷进中路 57 号	34800035
4		市桥街社区卫生服务中心	市桥街解放路 198—204 号	34609280
5		市桥街三堂社区卫生服务站	市桥街三堂路 27、28、30 号	84824417
6		市桥街石街社区卫生服务站	市桥街大南路 1、3、5、7 号	84831363
7		市桥街东城社区卫生服务站	市桥街德胜路 226—240 号	84644974
8	东环街	东环街社区卫生服务中心	东环街市新路蔡边一村商贸城一、二楼	34819550
9		东环街鸣翠苑社区卫生服务站	光明北路 382—384 号	66359977
10	大石街	大石街社区卫生服务中心	大石街会江村石中二路 6 号	34782453
11		大石街大石社区卫生服务站	大石街岗东路 88 号	34789430
12		大石街河村社区卫生服务站	大石街河村商铺 1 号	84783120
13	洛浦街	洛浦街社区卫生服务中心	洛浦街西二村西乡二路 11 号	34890181
14		洛浦街洛城社区卫生服务站	洛浦街洛溪新城吉祥北道 181 号	84584047
15		洛浦街沙溪社区卫生服务站	洛浦街沙滘东路四村南街四巷六号	34709848
16	小谷围街	小谷围新村社区卫生服务中心	新造镇谷围新村穗石路 1 号楼	34723533

续表

社区卫生（医疗）服务站				
序号	街道	机构名称	地址	电话
17	桥南街	桥南街社区卫生服务中心	桥南街桥南路 50 号	39175200
18		桥南街陇枕社区卫生服务站	桥南街汇景大道 25 号	34615213

村居委服务点				
序号	街道	机构名称	地址	电话
1	市桥街	东兴社区	市桥街兴泰大街东方花园又一居 8 号铺	84647092
2		德兴社区	市桥街德兴路 220 号东侧	34623808
3		桥福社区	市桥街东平路 74 号对面	84644401
4		沙园社区	市桥街万丰路 83 号园丰小区 2 巷 20 号	84649767
5		社学社区	市桥平康路隆基大街 8 号	34610008
6		德安社区	市桥街东沙路东兴街 38 号	84617043
7		东丽社区	市桥街德兴路 313 号侧	34623608
8		西涌社区	市桥街西城路西兴苑 12 栋东梯 2—3 楼	34605032
9		三堂社区	市桥街解放路西坊大街 12 号	84834388
10		晒布社区	市桥街解放路 10 号	84822805
11		西城社区	市桥街西城花园一街九座旁	84604895
12		禺山社区	市桥街西环大街七幢 2—3 号	34808884
13		华侨城社区	市桥街西丽南路 176 号	84602292
14		侨联社区	市桥街富华中路 57 号	34813163
15		怡乐社区	市桥街怡乐园 5 街 2 座 102	84898701
16		康裕社区	市桥街康裕北苑东区入口南侧	34808839
17		禺秀社区	市桥街禺秀园 3 街 10 座	84828424
18		富都社区	市桥街大北路永恒大街 37—39 号	34513375
19		丹桂社区	市桥街捷进中路 6 号	84878371
20		康乐社区	市桥街康乐园 5 街 7 座 102	84808742
21		侨基社区	市桥街光明北路 369 之 7 号	34807929
22		先锋社区	市桥街先锋大街 8 号	84811486
23		田心社区	市桥街光明南路水边屋下街 8 号	84811376

续表

村居委服务点				
序号	街（镇）	村/居委会	办公地址	办公电话
24	市桥街	桥东社区	市桥街大北路前进大街八巷 3 号	84817019
25		石街社区	市桥街海傍路 82 号	84811327
26		万丰社区	市桥街东城北街十一幢 4 号	84811379
27		大市社区	市桥街光明南路光南街 2 座 2 楼 251 室	84823013
28		瑞和园社区	市桥街工业路景楼大街 31 号	84836395
29	沙头街	沙头社区	沙头街沙头村环村大街 11 号	34805702
30		骏兴社区	沙头街捷进西路 46 号	34805703
31	东环街	东环社区	番禺区光明北路 440—446 号	34806922
32		江南社区	东环路 242 号江南新村二街三座四号铺	34805707
33		富豪社区	市广路 232 号富豪山庄富豪居委	34800878
34	桥南街	绣品社区	桥南街南堤西路 27 号二层	84814519
35		华荟社区	桥南街华荟路 58、60 号铺	34610842
36		福景社区	番禺区西环路福景园 4 座 103	84730311
37		陇枕社区	桥南街汇景大道 60 号绿庭雅苑二期电房楼上	34616554
38		华景社区	桥南街南华路 62 号华景新城华瑞 5 梯首层	84815149
39		御院社区	桥南街南华路 168 号 7 座 105—108 号铺	34608232
40		新世纪社区	桥南街南城路 343 号喜盈雅景二期 143 号铺	34612341
41		番奥社区	桥南街市良路 9 号文化长廊 14 座（钟楼）首层	34736986
42		昊龙社区	桥南街昊龙花园南区 12 座 2 梯 101—102	39179989
43	小谷围街	星汇社区	小谷围街华工南路与求真街交界处星汇文华 5 栋 1 层	39339180
44	大石街	星河湾社区	大石街星河湾畅心园 4 栋 2 梯首层	34799992
45		富丽社区	大石街富丽家园爱华路 4 幢首层	84783005
46		大石社区	大石街岗东路 12 号	84783450
47		富庭社区	大石街景华南路 30 号新月明珠花园	34893309

续表

村居委服务点				
序号	街（镇）	村/居委会	办公地址	办公电话
48	大石街	银湾社区	大石街朝阳东路 425 号	84793133
49		丽景社区	大石街东发楼东座 1—3 号铺	34792421
50	洛浦街	洛溪新城社区	洛浦街洛溪新城吉祥南街 155 号	84585906
51		丽江社区	洛浦街丽江花园丽影 8 座首层	84588332
52		珠江社区	洛浦街沙溪大道 400 号	84585811
53		广奥社区	洛浦街广州奥林匹克花园友谊尚居 C 座首层	84596181
54		洛涛南社区	洛浦街洛溪新城如意中心 F 座首层 20 号	34705907
55		广州碧桂园社区	洛浦街广州碧桂园大堂侧	84581313
56		洛湖社区	洛浦街洛浦公园正门	39987073
57		锦绣半岛社区	洛浦街锦绣半岛西区 14 座首层	31062270
58		和悦社区	洛浦街吉祥北道 153 号综合办公楼	84585906
59	钟村街	钟村社区	钟村街云市横路 3 号	84771563
60		祈福新邨社区	钟村街祈福新村天湖居 3 座对面	34635533
61		锦绣花园社区	钟村街锦绣趣园 2 座 3—4 梯	34635033
62		南奥花园社区	钟村街南国奥林匹克花园洛三区	34635233
63	石壁街	南站社区	石壁街屏二村东街 17 号	39906601
64	湾镇	沙湾社区	沙湾镇大巷涌路公局巷 2 号	84731630
65		东区社区	沙湾镇荷景一区四街四座 103 号	34737317
66		渡头社区	沙湾镇东屏街 14 号	84731284
67		紫坭社区	沙湾镇东安路 33 号	84746033
68		金沙湾社区	沙湾镇西环路金沙湾花园 148 号	84745868

续表

村居委服务点				
序号	街（镇）	村/居委会	办公地址	办公电话
69	石碁镇	岐山社区	石碁镇龙基南路 50 号 2 座 101	84859726
70		大龙社区	石碁镇富怡路 21 号	84857357
71	大龙街	美心社区	大龙街美心东苑 A 座 25—26 铺	84644353
72		金海岸社区	番禺区清河东路金海岸花园 88 号兴泰东路聚湖 15 栋首层	34553811
73		城市花园社区	大龙街尚东尚筑 b3 首层	34562916
74		东怡社区	番禺区清河东路罗家村段 88 号东怡物业管理公司 3 楼	84645781
75		金龙社区	大龙街金龙路 75 号	84552929
76		富怡社区	大龙街富怡路罗家村段 82 号东方白云花园 5 号楼 1 楼	84626203
77	新造镇	新造社区	新造镇和平路府前街 1 号	84726515
78	南村镇	南村社区	南村镇金江大道 142—144 号	84768463
79		华南碧桂园社区	南村镇华南碧桂园岭御二街综合楼三楼	23884018
80		华南新城社区	南村镇华南新城蝶恋花路 70 号首层	61901692
81		雅居乐花园社区	南村镇雅居乐花园商业街 B 区 201 号	39951101
82		锦绣香江社区	南村镇锦绣香江紫荆园商业街 B1	39954900
83		广地花园社区	南村镇广地花园 J2 兴宏阁首层居委会	34799918
84		永大社区	南村镇永大社区西丽园 2 幢首层	61913293
85		星河湾东区社区	星河湾盛荟园综合楼一楼	39933698
86	化龙镇	化龙社区	化龙镇龙源路 90 号	84755443
87		盛龙社区	化龙镇珠江甘蔗场安置区内	39210103

续表

村居委服务点				
序号	街（镇）	村/居委会	办公地址	办公电话
88	石楼镇	石楼社区	石楼镇人民路 65 号之一	84861430
89		莲花山社区	石楼镇莲花西路 8 号	84862370
90		亚运城社区	石楼镇兴亚二路 32 号	23883469

社工服务站				
序号	街道	机构名称	地址	电话
1	钟村街	钟村街社工服务站	广州市番禺区钟村街人民路 76 号文化大楼 2、4 楼	34633002
2	化龙镇	化龙镇社工服务站	番禺区化龙镇亭南路 15 号化龙公园内星光老人之家	34756440
3	桥南街	桥南街社工服务站	番禺区桥南街陈涌金业路东排 1 号陈涌市场大楼 5—6 楼	34878330
4	大龙街	大龙街社工服务站	广州市番禺区大龙街金龙路迎阳大街 7 号	31146792
5	小谷围街	小谷围社工服务站	番禺区小谷围街北亭村大街 69 号	84722311
6	石碁镇	石碁镇社工服务站	石碁镇龙基北路 38 号	39961061
7	石楼镇	石楼镇社工服务站	广州市番禺区石楼镇人民路 67 号	39965372
8	沙湾镇	沙湾镇社工服务站	广州市番禺区沙湾镇荷景一区一街四座	34835122
9	沙头街	沙头街社工服务站	广州市番禺区沙头街禺山西路 381 号	39105366
10	南村镇	南村镇社工服务站	广州市番禺区南村镇市新路北段 1012 号	34825060
11	大石街	大石街社工服务站	大石街岗东路 149 号	84785015
12	新造镇	新造镇社工服务站	广州市番禺区新造镇谷围新邨谷围路 2 号楼 2 楼	34725990
13	东环街	东环街社工服务站	番禺区东环街东星路 99 号	31078379

续表

社工服务站				
序号	街道	机构名称	地址	电话
14	市桥街	市桥街东西片家社工服务站	广州番禺区市桥街德兴南路313号东骏苑2楼	84693212
15		市桥街中北片家社工服务站	海傍路82号及康裕西园7街12座旁	84832831
16	石壁街	石壁街社工服务站	石壁街屏山二村东街17号	39909366
17	洛浦街	洛浦街社工服务站	番禺区洛浦街洛溪新城吉祥南街155号和悦大厦一、三楼	31125483

居家养老服务机构					
序号	街道	类别	地址	电话	是否有配餐
1	钟村街	居家养老服务中心	钟村街钟二开发区红山	34710872	否
2	化龙镇	居家养老服务中心	化龙镇宝堂路61号	34754616、84757127	否
3	桥南街	居家养老服务中心	桥南街金业路东排1号陈涌市场6楼	34878080	是
4	大龙街	居家养老服务中心	番禺区大龙街金龙路迎阳大街7号	31146792	否
5	小谷围街	居家养老服务中心	番禺区广州大学城中心大街南28号	30339083	否
6	石碁镇	居家养老服务中心	石碁岐山中路2号	84858023	否
7	石楼镇	居家养老服务中心	市莲路340号	84842392	否
8	沙湾镇	居家养老服务中心	沙湾镇北村桃园路2号	34738937	否
9	沙头街	居家养老服务中心	沙头街沙南路60号	84877004	否
10	南村镇	居家养老服务中心	南村镇市新公路北48号（七星岗路段）	84766627	否
11	大石街	居家养老服务中心	大石街石南路45号	39236652	否

续表

居家养老服务机构					
序号	街道	类别	地址	电话	是否有配餐
12	新造镇	居家养老服务中心	新造镇谷围新村松寿园二号	84727027	否
13	东环街	居家养老服务中心	东环街蔡边一村商贸城 B41—46 号	34804048	否
14	市桥街	居家养老服务中心	市桥街大西路 138 号	84822119	否
15	石壁街	居家养老服务中心	石壁街屏山二村东街 17 号	39906322	否
16	洛浦街	居家养老服务中心	大石街石南路 45 号	84792945	否
番禺区日间托老服务点					
序号	街道	类型	地址	电话	是否有配餐
1	大龙街	日托	番禺区旧水坑村开发路 4 号	39946063	是
2	大石街	日托	大石街石南路 45 号	84792945	是
3	东环街	日托	东环街东沙村东星路 99 号	34804048	是
4	化龙镇	日托	化龙镇宝堂路 61 号	34754616、84757127	是
5	洛浦街	日托	洛浦街吉祥南街 155 号和悦大厦 3 楼	84582722	否
6	南村镇	日托	南村镇市新公路北 48 号	84766627	是
7	沙头街	日托	沙头街沙南路 60 号	84877004	是
8	沙湾镇	日托	沙湾镇北村桃园路 2 号	39251189	是
9	石壁街	日托	石壁街屏山二村东街 17 号	39906322	否

续表

番禺区日间托老服务点					
序号	街道	类型	地址	电话	是否有配餐
10	石楼镇	日托	番禺区石楼镇市莲路340号	84842392	是
11	石楼镇清流村	日托	石楼镇石清路15号	84861330	否
12	石碁镇	日托	石碁镇岐山中路2号	84858023	是
13	市桥街	日托	市桥街田心大街87号	84883324	否
14	小谷围街	日托	小谷围北亭大街69号	84722311	否
15	新造镇	日托	新造镇谷围新村松寿园二号	84727027	是
16	钟村街	日托	钟村街敬老院钟二开发区红山	34710872	是

番禺区养/敬老院				
序号	机构名称	地址/电话	服务时间（工作日）	床位（张）
1	广州市番禺区社会福利院	番禺区市桥街坑口路110号/34810113	7：30—11：30 14：30—17：30	450
2	沙湾敬老中心	番禺区沙湾镇桃园路2号/39251189	8：30—12：00 14：30—17：30	186
3	大石敬老院	番禺区大石街石南路45号/84792945	8：30—12：00 14：30—17：30	250
4	新造镇敬老院	番禺区新造镇谷围新村松寿园2号/84727027	8：30—12：00 14：30—17：30	90
5	南村镇敬老院	番禺区南村镇七星岗/84766627	8：30—12：00 14：30—17：30	186
6	石碁敬老院	番禺区石碁镇岐山中路2号/84858023	8：30—12：00 14：30—17：30	325
7	广州市祈福护老院有限公司	番禺区钟村街祈福新村都市活力花园10座201—508/39902292	8：30—12：00 14：30—17：30	50

续表

番禺区养/敬老院				
序号	机构名称	地址/电话	服务时间（工作日）	床位（张）
8	化龙敬老院	番禺区化龙镇宝堂路61号/84756823	8：30—12：00 14：30—17：30	85
9	石楼颐养院	番禺区石楼镇市莲路340号/84842392	8：30—12：00 14：30—17：30	128
10	钟村敬老院	番禺区钟村街中二村红山/23830138	8：30—12：00 14：30—17：30	246
11	沙头街敬老院	番禺区沙头街沙南路60号/84877004	8：30—12：00 14：30—17：30	130
12	石楼镇岳溪村敬老院	番禺区石楼镇岳溪大道18号/84869745	8：30—12：00 14：30—17：30	45
13	广州松明尚苑颐养院	番禺区大龙街旧水坑村开发路4号/39946063	8：30—12：00 14：30—17：30	524

番禺区星光老人之家			
序号	资助点名称	地址	电话
1	沙湾镇政府	沙湾镇安宁西街8号	84736602
2	市桥街西秀园社区	市桥街西丽南路34号西秀园17座	84604895
3	沙头街骏兴社区	沙头街捷进西路金碧园C座	34805703
4	桥南街政府	桥南街南堤路观龙楼	84825003
5	市桥街西涌社区	市桥街西城路10街1号之一	34605032
6	市桥街园丰社区	市桥街园丰2巷20号4巷201	84649767
7	大石镇洛溪新城	大石镇洛溪新城吉祥南街157号	34500140
8	市桥街桥东社区	市桥街前进八巷3号	84817019
9	市桥街怡乐社区	市桥街怡乐园五街二座102、202	84898701
10	市桥街先锋社区	市桥街先锋大街8号	13068826255
11	石碁镇政府	石碁镇岐山路2号	84858023
12	沙头街政府	沙头街沙南路60号	84877004
13	市桥街星海社区	市桥街环城中路120号	84833980

续表

番禺区星光老人之家			
序号	资助点名称	地址	电话
14	大石镇星河湾社区	大石镇星河湾逸心园 11 栋二梯 102、103	34793150
15	市桥街丹桂社区	市桥街捷进中路 6 号	84878371
16	市桥街新城（侨联）社区	市桥街富华中路 57 号	64813163
17	市桥街西园社区	市桥街解放路 42 号	84822504
18	桥南街华景社区	华景新城 11 号 6 梯	84815149
19	大岗镇潭州社区	潭州公园内	84936652
20	大石镇大石社区	岗东路 189 号	84783450
21	沙头街沙头社区	沙头村环村大街 11 号	34805702
22	沙湾镇沙湾社区	沙湾镇安宁路公局巷 4 号	84731543
23	新造镇	新造镇府前路 2 号	84727027
24	大岗镇政府	桃园商贸城 2 楼	84936652
25	榄核镇政府	榄核镇敬老院	84922183
26	东涌镇政府	东涌镇濠涌下街 1 号	84908930
27	东涌镇鱼窝头社区	东涌镇市鱼路 28 号	84912831
28	化龙镇政府	化龙镇化龙公园内	84752060
29	沙湾镇古西村	沙湾古西村市心直街 11 号	84731524
30	大岗镇庙贝社区	大岗镇庙贝大道 4 号	84936860
31	大岗镇镇南片社区	大岗镇府前路 14 号	84936207
32	南村镇政府	南村镇市新路七星岗路段	84766627
33	沙湾镇渡头社区	沙湾渡头东屏街 14 号	84731284
34	沙湾镇南村	沙湾镇汇源直街 9 号	84731607
35	沙湾镇紫坭社区	沙湾镇东安路 33 号	84746260
36	沙湾镇紫糖社区	沙湾镇紫糖宿舍 31 号楼首层	84746260
37	沙湾镇东区社区	荷景花园一区四街五座	34737317
38	大岗镇灵山社区	灵山镇环城东路 42 号	13076775316
39	大岗镇江窖社区	灵山镇岗窖社区	84937415

续表

番禺区星光老人之家			
序号	资助点名称	地址	电话
40	石楼镇政府	市莲路 340 号	84866401
41	石楼镇石楼社区	石楼镇人民路 67—75	84861954
42	大石街富丽社区	大石街富丽家园爱华路 5、6 号	84783005
43	钟村镇锦绣社区	钟村镇锦绣趣园 2 座 7 梯	3471465
44	桥南街福景园社区	桥南街福景园 6 座首层	84730311
45	市桥街瑞和园社区	市桥街瑞和园大街 4 巷 5 号	84836395
46	东环街江南社区	东环街江南新村 1 街 3 座	34805707
47	桥南街华荟社区	桥南街华荟路 59 号	34610842
48	石碁镇城市花园社区	石碁镇城市花园 C3-18 铺	34561886
49	桥南街华景社区	华景新城华晖园 6 梯	84815149
50	桥南街番奥居委	番奥运动城内	34736986
51	桥南街绣品居委	南堤西路 27 号首层	84815149
52	洛浦街珠江居委	珠江花园迎江一街与迎江二街交会处	84585811
53	洛浦街丽江居委	丽江花园德汇楼 2 座首层	84588332
54	钟村镇政府	云市西路 9 号 2—3 楼	84771702
55	南村镇南村居委	原南村成校综合楼	84768463
56	市桥街康乐社区	康乐园 4 街 6 座侧	84808742
57	市桥街石街社区	市桥街海傍后街 78 号	84811327
58	市桥街白沙堡村	市桥街白沙堡村大街大巷 2 号	84870586
59	市桥街田心社区	市桥街大西路 138 号	84811370
番禺区老龄办： 地址：市桥镇清河东路 319 号区政府东副楼二楼 213 室，电话：84693403			

附录四：

培训照片展示

老年社会工作能力建设（高阶）培
照顾者支持项目管理能力提升

参考文献

[1]《国务院关于印发"十三五"国家老龄事业发展和养老体系建设规划的通知》, http://www.gov.cn/zhengce/content/2017/03/06/content_5173930.htm.

[2]《广东省人民政府关于加快发展养老服务业的实施意见》,http://zwgk.gd.gov.cn/006939748/201503/t20150304_570887.html.

[3]《广州市人民政府关于加快养老服务业综合改革的实施意见》,http://www.gz.gov.cn/gzgov/s2811/201610/3854f0bc8964273afee49f916ccfcca.shtml.

[4]梅陈玉婵,齐铱,徐永德. 二十一世纪老年社会工作[M]. 香港:香港大学出版社,2008.

[5]番禺区政协提案(2016). 关于积极应对人口老龄化趋势,推进我区现代养老服务体系建设的建议. http://www.panyu.gov.cn/gzpy/2016ta/2017-01/24/content_ffaac2b9ef454551addc900f780f62f8.shtml,2016.

[6]吴玉韶,等. 中国老龄事业发展报告[M]. 北京:社会科学文献出版社,2015.

[7]世界卫生组织. 关于老龄化与健康的全球报告. http://apps.who.int/iris/bitstream/10665/186468/2/WHO_FWC_ALC_15.01_chi.pdf,2015.

[8]中华人民共和国民政部. 老年社会工作服务指南. http://www.mca.gov.cn/article/zwgk/tzl/201602/20160200880380.shtml,2016.

[9]香港社会服务联会."回应《香港高龄化行动方案之长者友善社区》拓展计划推广手册". http://c4e.hkcss.org.hk/user/AFC_PromotionManual.pdf, 2009.

[10]香港基督教女青年会. 长者友善社区与幸福感调查研究及实践成效评

估研究报告书,2016.

[11]香港医管局公私营协作计划. https://www3. ha. org. hk/ppp/homepage. aspx.

[12]仲伟周, 曹永利, Shunfeng SONG. 我国非营利组织的绩效考核指标体系设计研究[J]. 科研管理,2006,27(3).

[13]《国务院关于印发"十三五"国家老龄事业发展和养老体系建设规划的通知》, http://www. gov. cn/zhengce/content/2017/03/06/content _ 5173930. htm.

[14]楼玮群,高淑芬. 世界各地推动长者友善城市的行动. 香港社会服务联会:起动全城香港长者友善社区,2012.

[15]中华人民共和国民政部. 老年社会工作服务指南. http://www. mca. gov. cn/article/zwgk/tzl/201602/20160200880380. shtml,2016.

[16]窦晓璐,约翰·派努斯,冯长春. 城市与积极老龄化:老年友好城市建设的国际经验[J]. 国际城市规划,2015,30(3).

[17]GDS-15 的中文版本来自 Hing-chu B. Lee, Helen F. K. Chiu, Wing Yun Kwok, Chi Ming Leung, Po Keung Kwong, Dicky W. S. Chung 等人的翻译.

[18]Ballew, J. R. ,Mink, G. (1996). Case management in social work: Developing the professional skills needed for work with multiproblem clients. Springfield: Charles C. Thomas. Catharine, R. G. , Dennison, E. M. , Cooper, C. , Sayer, A. A. (2011). Neighbourhood environment and positive mental health in older people: the Hertfordshire cohort study. Health and Place, 17, 867-874.

[19]Council on Social Work Education (2011). Geriatric Social Work Competency Scale Ⅱ with life-long learning in relationship to leadership skills: Social work practice behaviors in the field of aging. Retrieved from http://www. wvsioa. org/handouts/N5_OpportunitiesInAgingAtWVU_Hash. pdf.

[20]Case Management Society of America (2010). Standards of practice for case management. Retrieved from http://www. cmsa. org/portals/0/pdf/

memberonly/StandardsOfPractice. pdf.

[21]Cheung, K. S. L., Lau, B. H. P., Wong, P. W. C., Leung, A. Y. M., Lou, V. W., Chan, G. M. Y., Schulz, R. (2015). Multicomponent intervention on enhancing dementia caregiver well - being and reducing behavioral problems among Hong Kong Chinese: a translational study based on REACH Ⅱ. International Journal of Geriatric Psychiatry, 30(5), 460-469.

[22]Germain, C. B., Gitterman, A. (1995). Ecological perspective. Encyclopedia of Social Work, 1, 816-824.

[23]Cress, C. J. (2015). Handbook of geriatric care management. Jones & Bartlett Publishers.

[24]InterRAI Community Health Assessment(CHA) Form and User's Manual and Related Materials, 9.1. Retrieved from https://catalog.interrai.org/content/cha-interrai-community-health-cha-assessment-form-and-users-manual-and-related-materials-91.

[25]Lou, W. Q., Tong, H. M. (2010). Competence requirement of geriatric social worker in China: an elementary qualitative analysis. China Social Welfare, 5, 38-39.

[26]Lou, V. W. Q., Boey, K. W., Au, J. W. N. (2013). A study on the roles and competences of social workers in providing counseling and case management for older adults in long-term care services. Hong Kong: The University of Hong Kong. 71p. (Role: PI)

[27]Lubben, J. E. (1988). Assessing social networks among elderly populations. Family & Community Health, 11(3), 42-52.

[28]Pecora, P. J., Cherin, D., Bruce, E., & Arguello, T. D. J. (2010). Strategic supervision: A brief guide for managing social service organizations. Thousand Oaks, CA: SAGE.

[29] Ridley, C. R., Mollen, D., Kelly, S. M. (2011). Counseling competence. The Counseling Psychologist, 39, 865-886. doi: 10.1177/0011000010378443.

[30]Tam, D. M. Y. , Coleman, H. (2009). Construction and validation of a professional suitability scale for social work practice. Journal of Social Work Education, 45, 47-63. doi: 10.5175/JSWE.2009.200500527.

[31]Tam, D. M. Y. , Coleman, H. , Boey, K. W. (2011). Professional suitability for social work practice: A factor analysis. Research on Social Work Practice, 22, 227-239. doi: 10.1177/1049731511420264.

[32]World Health Organization. (2007). Global Age-friendly Cities: A Guide [R]. Switzerland: Geneva.

[33]Wang, G. ,Lee, P. D. (2009). Psychological empowerment and job satisfaction. Group & Organization Management, 34, 271-296.

[34]Yang, P. (2010). What is productive in Taiwanese centenarians' lives? A challenge for the definition of productive ageing. China Journal of Social Work, 3(2-3): 125-137.

[35]US Environmental Protection Agency. Building Healthy Communities for Active Agingt[R],2011.

[36] AARP. Livable communities. http://www.aarp.org/research/ppi/live - com.html,2013.

[37]NAAA. A Blueprint for Action: Developing a Livable Community for All Ages [R]. Washington D C: National Association of Area Agencies on Agjng,2007.

[38]Neal M. , Chapman N. , Dill J. , Sharkova I. , DeLaTorre A. , Sullivan K. , Martin S. Age-related Shifts in Housing and Transportation Demand: A Multidisciplinary Study Conducted for Metro by Portland State University's College of Urban and Public Affairs[R]. Portland, OR: Institute on Aging, Portland State University, 2006. http://www.pdx.edu/ioa.publications.

[39]Kingdon J. W. Agendas, Alternatives, and Public Policies [M]. 2nd ed. New York, NY: Harper Collins College, 1984.